Name: ______________________________

Zu Seite 5 bis 7

1. Färbe die angegebenen Bruchteile in verschiedenen Farben.

a) b) c) d)

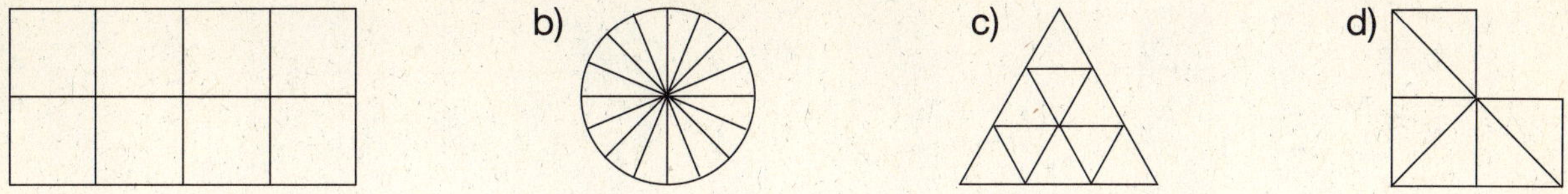

a) $\frac{1}{8}$ $\frac{5}{8}$ b) $\frac{11}{16}$ $\frac{3}{16}$ c) $\frac{7}{9}$ $\frac{1}{9}$ d) $\frac{1}{6}$ $\frac{5}{6}$

2. Färbe in jedem Rechteck die angegebenen Bruchteile rot.

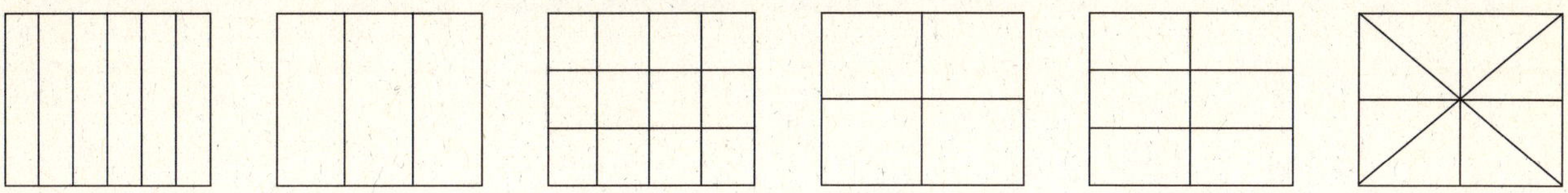

$\frac{5}{6}$ $\frac{1}{3}$ $\frac{7}{12}$ $\frac{3}{4}$ $\frac{1}{6}$ $\frac{5}{8}$

3. Welche Bruchteile einer Stunde sind es?

_____ h _____ h _____ h _____ h _____ h _____ h _____ h

4. Welche Brüche sind es?

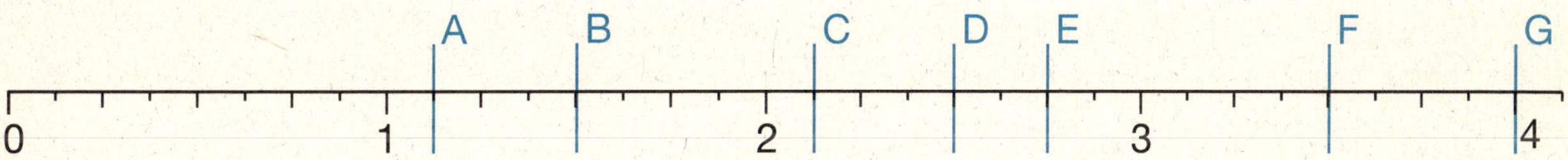

_____ _____ _____ _____ _____ _____

5. Jede Stange wiegt 800 g. Wieviel Gramm wiegen die gefärbten Bruchteile der Stangen?

_____ g _____ g _____ g _____ g

6. Hier ist die Verteilung von Wasser und festem Land auf der Erde dargestellt. Gib die Bruchteile an.

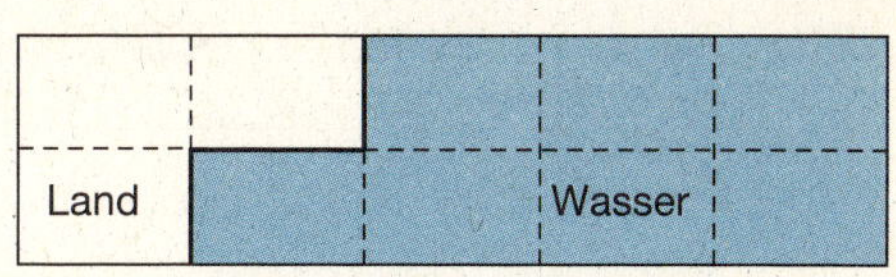

A: ______________________________

7. Welcher Bruchteil der Einwohner von Burg ist älter als 60, welcher jünger als 20, welcher zwischen 20 und 60?

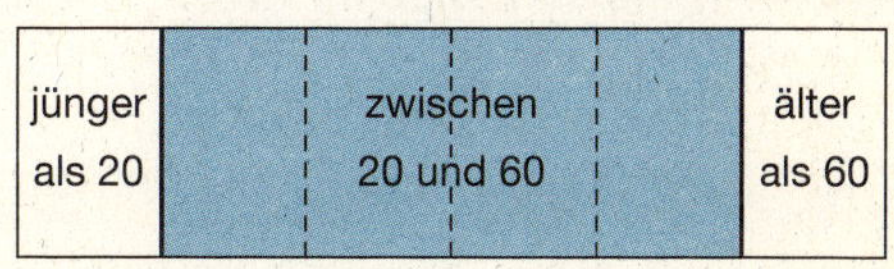

A: ______________________________

8. Silkes Schulweg ist $\frac{1}{2}$ km lang. Sven läuft von zu Hause bis zur Schule $\frac{3}{4}$ km. Wieviel Meter läuft jeder zur Schule? Färbe jeweils den Schulweg ein.

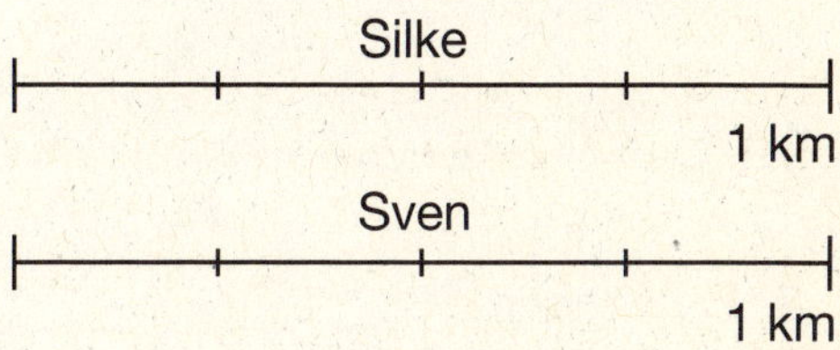

A: ______________________________

© 1992 Schroedel Schulbuchverlag GmbH, Hannover

Name: ______________________ Klasse: __________

Zu Seite **7** bis **13**

1. Bestimme die fehlenden Zähler und die fehlenden Nenner.

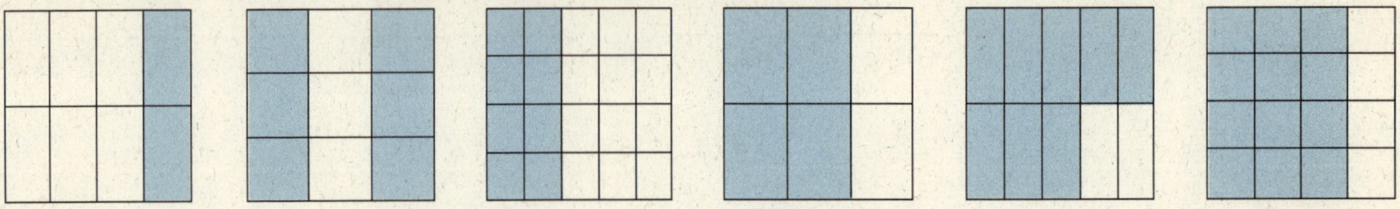

$\frac{}{4} = \frac{}{8}$ $\frac{}{3} = \frac{}{9}$ $\frac{}{5} = \frac{}{20}$ $\frac{4}{} = \frac{2}{}$ $\frac{8}{} = \frac{4}{}$ $\frac{6}{} = \frac{12}{}$

2. Färbe die angegebenen Bruchteile und bestimme die fehlenden Nenner.

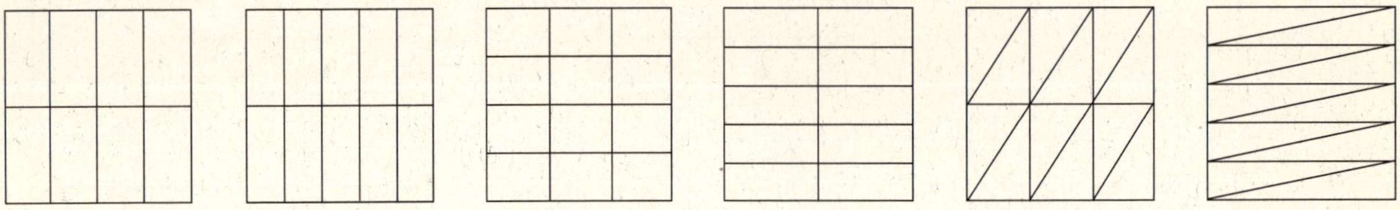

$\frac{6}{8} = \frac{3}{}$ $\frac{4}{10} = \frac{2}{}$ $\frac{8}{12} = \frac{2}{}$ $\frac{5}{10} = \frac{1}{}$ $\frac{9}{12} = \frac{3}{}$ $\frac{8}{10} = \frac{4}{}$

3. Erweitere mit der angegebenen Zahl.

a) mit 4 : $\frac{2}{3}$ = ____ = ____ $\frac{5}{7}$ = ____ = ____ $\frac{4}{9}$ = ____ = ____

b) mit 5 : $\frac{7}{9}$ = ____ = ____ $\frac{3}{4}$ = ____ = ____ $\frac{5}{6}$ = ____ = ____

4. Kürze so weit wie möglich.

a) $\frac{8}{10}$ = ____ = ____ $\frac{7}{21}$ = ____ = ____ $\frac{15}{25}$ = ____ = ____ $\frac{8}{12}$ = ____ = ____

b) $\frac{10}{15}$ = ____ = ____ $\frac{12}{16}$ = ____ = ____ $\frac{6}{8}$ = ____ = ____ $\frac{30}{36}$ = ____ = ____

5. Welche Brüche kann man auf den Nenner 24 erweitern? Unterstreiche sie, dann erweitere.

$\frac{2}{3} = \frac{}{24}$ $\frac{7}{12} =$ — $\frac{4}{5} =$ — $\frac{7}{8} =$ — $\frac{1}{2} =$ — $\frac{5}{7} =$ — $\frac{1}{4} =$ — $\frac{5}{6} =$ —

6. Erweitere oder kürze die Brüche so, daß alle

a) den Nenner 12 haben : $\frac{2}{3}$ $\frac{8}{24}$ $\frac{1}{6}$ $\frac{3}{4}$ b) den Nenner 48 haben: $\frac{3}{6}$ $\frac{5}{12}$ $\frac{8}{96}$ $\frac{9}{36}$

______________________ ______________________

7. Erweitere die Brüche, damit du vergleichen kannst. Setze ein: < oder >.

a) $\frac{2}{3}$ □ $\frac{3}{4}$ b) $\frac{2}{3}$ □ $\frac{4}{5}$ c) $\frac{5}{12}$ □ $\frac{3}{8}$ d) $\frac{3}{10}$ □ $\frac{1}{4}$ e) $\frac{13}{8}$ □ $\frac{17}{10}$

— — — — — — — — — —

8. Erweitere mit 3: $1\frac{1}{2} =$ — $2\frac{1}{4} =$ — $3\frac{5}{8} =$ — $6\frac{2}{3} =$ —

Name: ____________________ Klasse: __________

Zu Seite 14 bis 17

1. Schreibe Aufgabe und Ergebnis auf.

a) 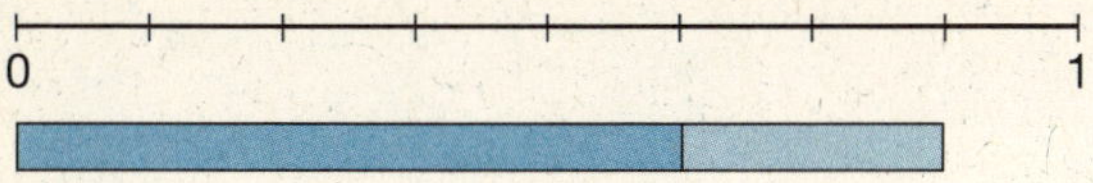

$\frac{5}{8}$ + ____________________

b) 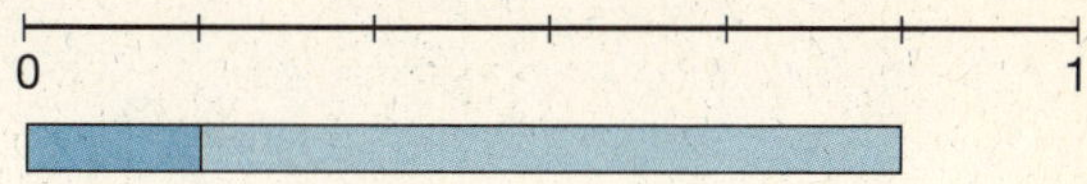

____

2. Kürze das Ergebnis, wenn es möglich ist.

a) $\frac{1}{6} + \frac{3}{6} = \frac{4}{6} =$ —

$\frac{2}{8} + \frac{4}{8} = \frac{}{8} =$ —

b) $\frac{10}{13} - \frac{7}{13} =$ —

$\frac{9}{12} - \frac{6}{12} =$ — = —

c) $\frac{5}{11} + \frac{3}{11} =$ —

$\frac{7}{20} + \frac{3}{20} =$ — = —

3. Schreibe die Ergebnisse in der gemischten Bruchschreibweise.

a) $\frac{2}{6} + \frac{5}{6} = \frac{7}{6} = 1$ —

$\frac{5}{7} + \frac{4}{7} =$ — =

b) $\frac{11}{8} - \frac{2}{8} =$ — =

$\frac{16}{6} - \frac{3}{6} =$ — =

c) $\frac{8}{3} + \frac{5}{3} =$ — =

$\frac{3}{4} + \frac{6}{4} =$ — =

4. Vergrößere den Bruch $\frac{9}{12}$ um $\frac{3}{12}$. Schreibe die Aufgabe und löse sie.

Rechnung: ____________________ Antwort: ____________________

5. a) $4 + \frac{2}{3} =$ b) $8 + \frac{3}{8} =$ c) $\frac{1}{4} + 2 =$ d) $\frac{3}{8} + 7 =$

6. a) $7 - \frac{3}{5} = 6\,\frac{5}{5} -$ — =

$6 - \frac{3}{7} =$ — - — =

b) $4 - \frac{1}{8} =$ — - — =

$5 - \frac{4}{9} =$ — - — =

c) $7 - \frac{3}{4} =$ — - — =

$3 - \frac{2}{5} =$ — - — =

7. Auf einem Stoffballen sind 5 m Stoff. Eine Kundin kauft $\frac{3}{4}$ m von diesem Stoff. Wieviel Meter sind noch auf dem Ballen?

Rechnung: ____________________ Antwort: ____________________

8. a) $5\,\frac{2}{7} + 4\,\frac{3}{7} = 9\,\frac{2}{7} + \frac{3}{7} =$

$3\,\frac{1}{6} + 8\,\frac{1}{6} =$ — + — =

b) $8\,\frac{1}{4} + 7\,\frac{1}{4} =$ — + — =

$1\,\frac{1}{5} + 2\,\frac{2}{5} =$ — + — =

c) $3\,\frac{3}{5} + 4\,\frac{3}{5} =$ — + — =

$6\,\frac{5}{8} + 2\,\frac{7}{8} =$ — + — =

9. a) $6\,\frac{8}{9} - 2\,\frac{2}{9} = 4\,\frac{8}{9} - \frac{2}{9} =$

$9\,\frac{7}{10} - 6\,\frac{4}{10} =$ — - — =

b) $7\,\frac{5}{6} - 3\,\frac{1}{6} =$ — - — =

$5\,\frac{9}{12} - 3\,\frac{2}{12} =$ — - — =

c) $6\,\frac{1}{4} - 3\,\frac{3}{4} = 2\,\frac{5}{4} - \frac{3}{4} =$

$8\,\frac{3}{8} - 4\,\frac{5}{8} =$ — - — =

10. Schreibe Aufgabe und Ergebnis auf.

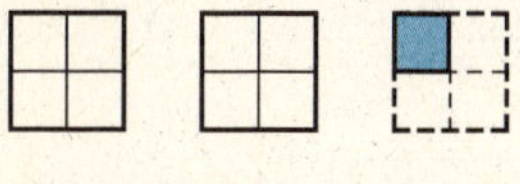

$2\,\frac{1}{4}$ - — =

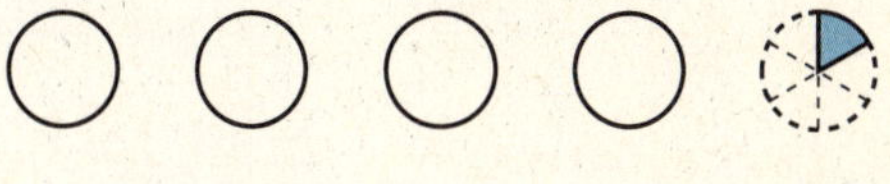

$4\,\frac{1}{6}$ - — =

© 1992 Schroedel Schulbuchverlag GmbH, Hannover

Arbeitsblätter 6. Schuljahr

Name: ______________________ Klasse: ____________

Zu Seite **17** bis **23**

1. Schreibe Aufgabe und Ergebnis auf.

a)

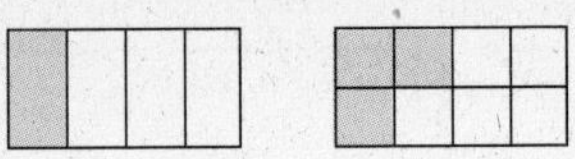

$\frac{1}{4}+\frac{3}{8}=\frac{2}{8}+ — = —$

b)

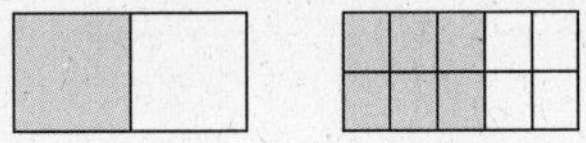

____

2. a) $\frac{1}{6}+\frac{2}{3}=\frac{1}{6}+ — =\frac{}{6}$

$\frac{2}{3}+\frac{1}{4}= — + — = —$

$\frac{4}{5}+\frac{1}{7}= — + — = —$

b) $\frac{2}{5}+\frac{1}{4}=\frac{}{20}+\frac{}{20}= —$

$\frac{3}{8}+\frac{1}{6}= — + — = —$

$\frac{4}{9}+\frac{1}{3}= — + — = —$

c) $\frac{3}{8}+\frac{1}{4}= — + — = —$

$\frac{1}{2}+\frac{1}{3}= — + — = —$

$\frac{3}{5}+\frac{1}{6}= — + — = —$

3. a) $\frac{3}{4}-\frac{1}{6}=\frac{}{12}-\frac{}{12}= —$

$\frac{7}{8}-\frac{3}{4}= — - — = —$

$\frac{3}{4}-\frac{5}{12}= — - — = —$

b) $\frac{7}{10}-\frac{4}{15}= — - — = —$

$\frac{3}{4}-\frac{2}{3}= — - — = —$

$\frac{9}{10}-\frac{5}{20}= — - — = —$

c) $\frac{7}{8}-\frac{1}{6}= — - — = —$

$\frac{3}{4}-\frac{2}{5}= — - — = —$

$\frac{7}{9}-\frac{1}{3}= — - — = —$

4. Hier wurden Fehler gemacht. Löse die Aufgaben richtig.

a) $\frac{2}{5}+\frac{5}{7}=\frac{7}{12}$ f

$\frac{2}{5}+\frac{5}{7}=$ ______________

b) $\frac{7}{10}-\frac{2}{3}=\frac{5}{7}$ f

$\frac{7}{10}-\frac{2}{3}=$ ______________

c) $\frac{4}{6}-\frac{1}{3}=\frac{4}{6}-\frac{2}{6}=\frac{1}{2}$ f

$\frac{4}{6}-\frac{1}{3}=$ ______________

5. a) $4\frac{2}{5}+3\frac{1}{4}=7\frac{2}{5}+\frac{1}{4}=7 — + — =$

$6\frac{1}{3}+1\frac{1}{2}=7\frac{1}{3}+ — =$

$4\frac{1}{2}+1\frac{1}{5}=5\frac{1}{2}+ — =$

b) $3\frac{1}{2}+2\frac{1}{3}=5\frac{1}{2}+ — =$

$4\frac{2}{7}+3\frac{1}{2}=7\frac{2}{7}+ — =$

$5\frac{1}{3}+1\frac{1}{9}=6\frac{1}{3}+ — =$

6. a) $4\frac{3}{7}+\frac{2}{3}=4 — + — =4 —$

$5\frac{7}{8}+\frac{2}{5}=5 — + — =5 —$

b) $5\frac{5}{8}+2\frac{3}{4}=7 — + — =7 — + — =7 — =$

$6\frac{5}{6}+1\frac{5}{9}=7 — + — =7 — + — =7 — =$

7. a) $4\frac{3}{5}-2\frac{1}{4}=2\frac{3}{5}-\frac{1}{4}=$

$6\frac{1}{2}-3\frac{1}{3}=3\frac{1}{2}- — =$

b) $6\frac{7}{8}-2\frac{1}{2}=4 — - — =4 — - — =$

$8\frac{3}{4}-3\frac{1}{3}=5 — - — =5 — - — =$

8. a) $5\frac{3}{10}-\frac{3}{4}=5\frac{6}{20}-\frac{15}{20}=4\frac{26}{26}-\frac{15}{20}$

$7\frac{1}{8}-\frac{1}{4}=$ ______________________

b) $7\frac{1}{4}-3\frac{5}{8}=$

$5\frac{1}{10}-2\frac{1}{4}=$ ______________________

9. Hier fehlen Zahlen (Rechenzeichen). Fülle alle leeren Stellen aus.

+	$\frac{1}{2}$	$\frac{3}{10}$
$\frac{3}{5}$		
$\frac{1}{3}$		

-	$\frac{1}{2}$	$\frac{1}{3}$
$\frac{7}{8}$		
$\frac{4}{5}$		

+	$\frac{1}{6}$	
$\frac{1}{3}$		$\frac{5}{6}$
	$\frac{5}{6}$	

		$\frac{1}{4}$
$\frac{2}{5}$	$\frac{1}{2}$	
$\frac{3}{10}$		$\frac{11}{20}$

		$\frac{1}{2}$
$\frac{9}{10}$	$\frac{7}{10}$	$\frac{2}{5}$
$\frac{3}{5}$		

Name: ______________________ Klasse: __________

Zum Knacken und Knobeln

Zu Seite 5 bis 23

1. Ergänze die Zauberquadrate.

$\frac{1}{5}$	$\frac{3}{10}$	$\frac{1}{10}$
		$\frac{6}{20}$
	$\frac{1}{10}$	

$\frac{2}{5}$		
	$\frac{2}{5}$	
	$\frac{3}{10}$	$\frac{2}{5}$

	$\frac{3}{10}$	
$\frac{2}{5}$	$\frac{1}{5}$	$\frac{3}{10}$

$\frac{1}{4}$		$\frac{3}{20}$
	$\frac{1}{4}$	
$\frac{7}{20}$		

2. Finde die Regel, dann setze die Folge fort.

$\frac{3}{4}$	$\frac{7}{8}$	1	$1\frac{1}{8}$										$2\frac{3}{8}$
$\frac{5}{6}$	$1\frac{1}{6}$	$1\frac{1}{2}$											$5\frac{1}{6}$

3. Die Summe zweier Brüche beträgt 2. Der zweite Summand ist doppelt so groß wie der erste.

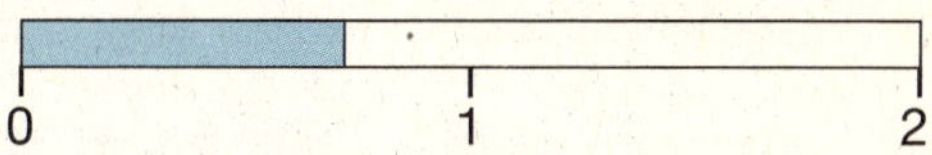

Rechnung: ______________________

Antwort: ______________________

4. Trage die Brüche ein. Die Summe dreier Brüche in einer Reihe ist immer gleich.

Summe $1\frac{2}{8}$

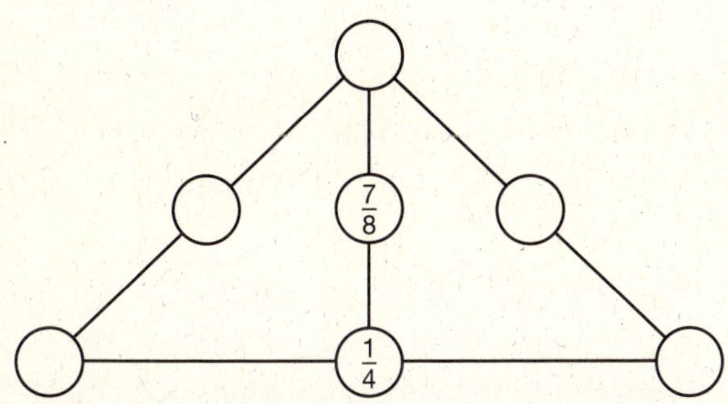

$\frac{1}{8}$ $\frac{3}{8}$ ~~$\frac{7}{8}$~~ $\frac{1}{2}$ $\frac{5}{8}$ ~~$\frac{1}{4}$~~ $\frac{3}{4}$

Summe $1\frac{1}{3}$

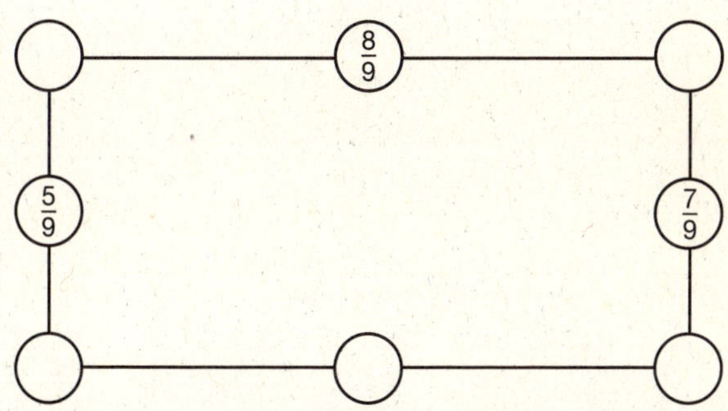

~~$\frac{5}{9}$~~ $\frac{1}{9}$ ~~$\frac{7}{9}$~~ $\frac{2}{9}$ $\frac{1}{3}$ ~~$\frac{8}{9}$~~ $\frac{4}{9}$ $\frac{2}{3}$

5. Sportstunde! Die Hälfte der Schüler spielt Fußball, ein Drittel übt Staffellauf, die restlichen 5 üben Weitsprung. Wie viele Kinder sind in der Klasse?

Gesamtzahl		
		5
$\frac{1}{2}$	$\frac{1}{3}$	

Rechnung: ______________________

Antwort: ______________________

© 1992 Schroedel Schulbuchverlag GmbH, Hannover

Name: ____________________ Klasse: __________

Zu Seite 26 und 27

1. a) Zeichne Kreise mit dem Radius 15 km, 30 km und 40 km um Brandenburg. Für 1 km in der Wirklichkeit zeichne 1 mm auf der Karte.

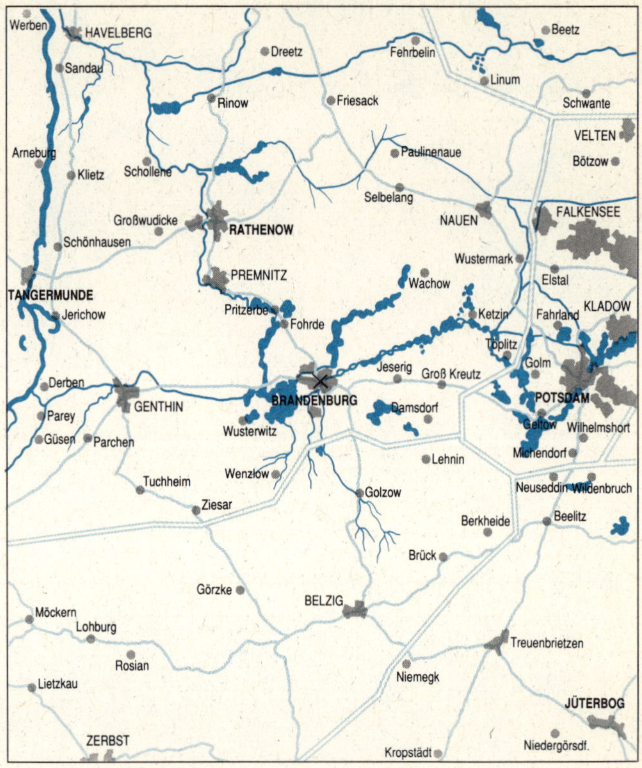

b) Welche Orte liegen in einem Umkreis bis 15 km um Brandenburg?

____

____

c) Welche Orte liegen in einem Umkreis von 15 km bis 30 km?

____

____

d) Welche Orte liegen in einem Umkreis von 30 km bis 40 km?

____

____

2. Zeichne Kreise mit dem angegebenen Durchmesser. Berechne den Radius.

d_1 = 36 mm d_2 = 44 mm d_3 = 16 mm d_4 = 28 cm

r_1 = ___ mm r_2 = ___ mm r_3 = ___ mm r_4 = ___ mm

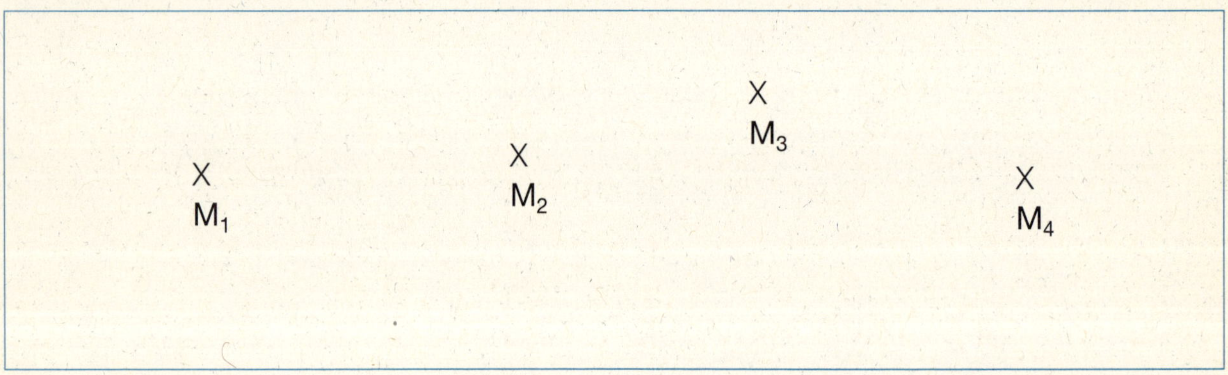

3. Das Leuchtfeuer der Leuchttürme L_1, L_2 und L_3 ist jeweils im Umkreis von 25 km zu sehen. Zeichne die Kreise (1 cm für 10 km).

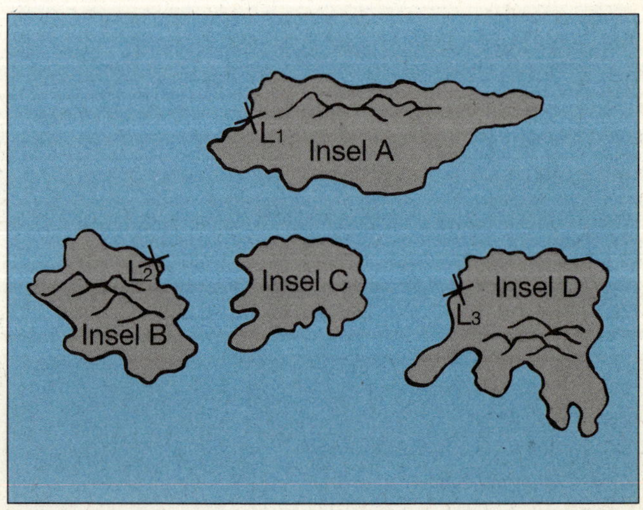

a) Auf welchen Inseln ist das Leuchtfeuer von L_1, L_2 und L_3 jeweils zu sehen?

L_1: L_2: L_3:

____

b) Färbe den Bereich auf der Insel C, von dem aus alle Leuchttürme zu sehen sind.

Name: ______________________ Klasse: ________

1. Nenne die Winkelart und schätze die Größe der Winkel. Überprüfe anschließend durch Messen.

Zu Seite **29**

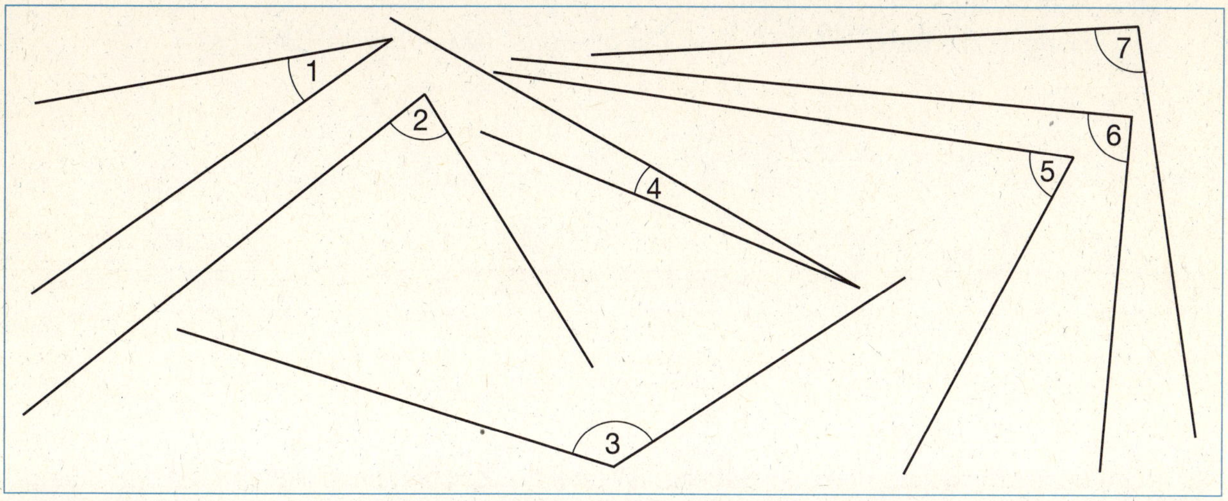

Winkel	1	2	3	4	5	6	7
Winkelart							
geschätzt							
gemessen							

2. Miß die Winkel. Prüfe durch Rechnung nach.

Zu Seite **30** bis **32**

a) $\alpha + \beta + \gamma =$ ____________ =

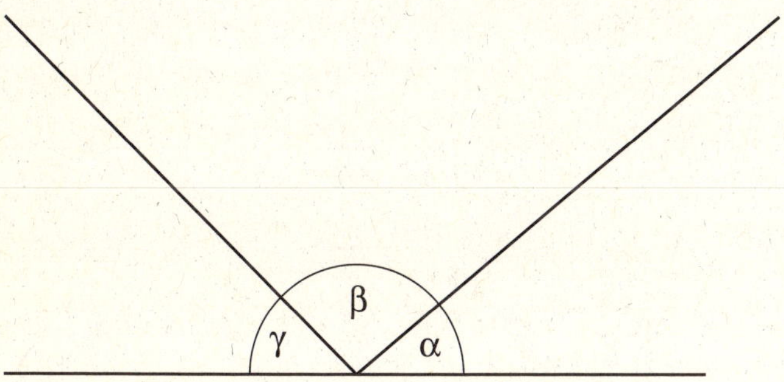

b) $\alpha + \beta + \gamma =$ ____________ =

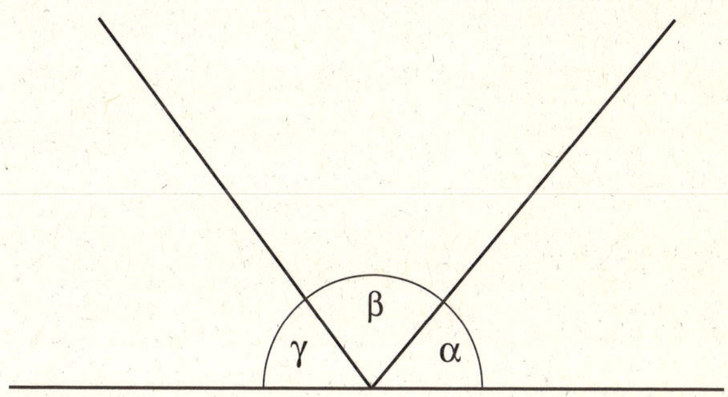

3. Miß die Winkel der beiden Figuren und addiere sie dann.

a)

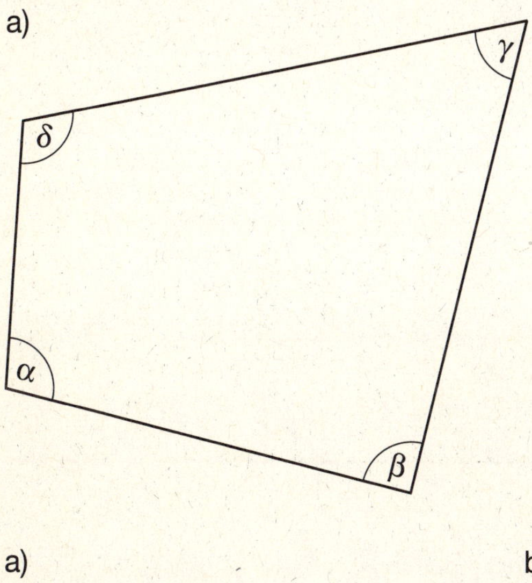

b)

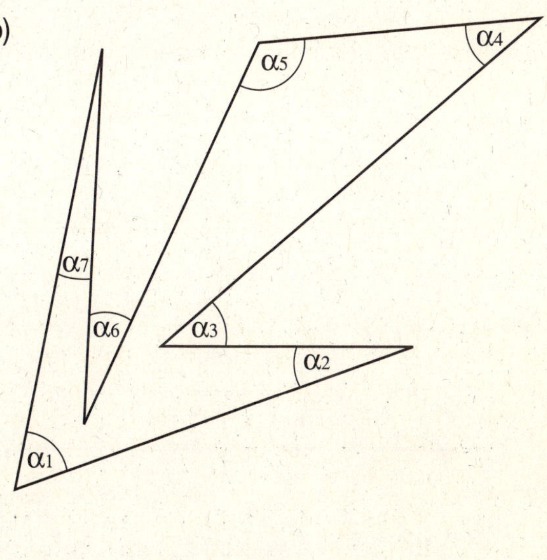

a) ____ + ____ + ____ + ____ = 360°

b) ____ + ____ + ____ + ____ + ____ + ____ + ____ = ____

© 1992 Schroedel Schulbuchverlag GmbH, Hannover

Name: ______________________________ Klasse: __________

Zu Seite 30 bis 34

1. Zeichne an A bzw. B jeweils den angegebenen Winkel. Nenne den Schnittpunkt der gezeichneten Schenkel C.

a) Wie lang ist die Strecke $\overline{AC}$? b) Wie groß ist der Winkel bei C (γ)?

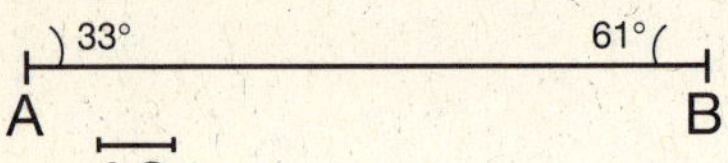

$\overline{AC}$ = ________ cm

γ = ________ °

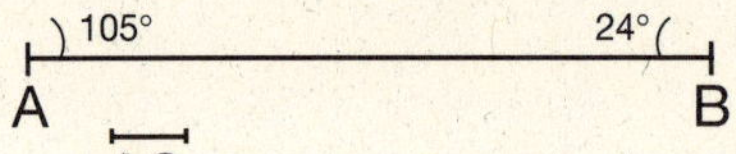

$\overline{AC}$ = ________ cm

γ = ________ °

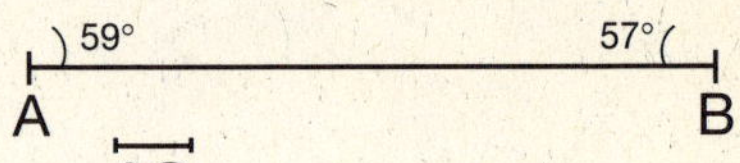

$\overline{AC}$ = ________ cm

γ = ________ °

2. Trage ohne zu messen den angegebenen Winkel ab. Zeichne anschließend mit dem Geodreieck den Winkel genau und miß die Abweichung.

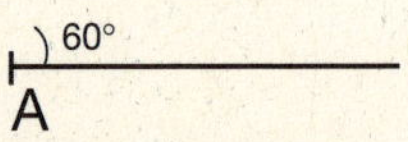

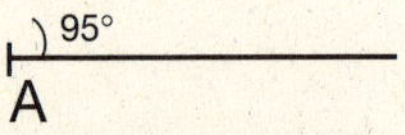

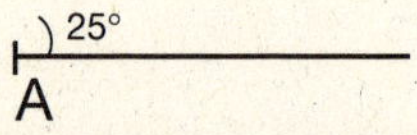

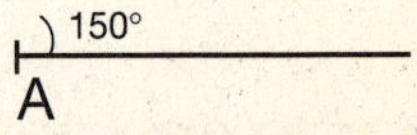

3. Wie groß sind die Winkel?

α = ______ °

β = ______ °

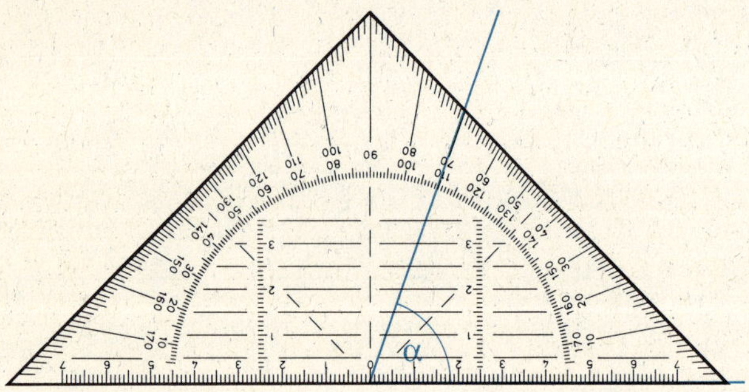

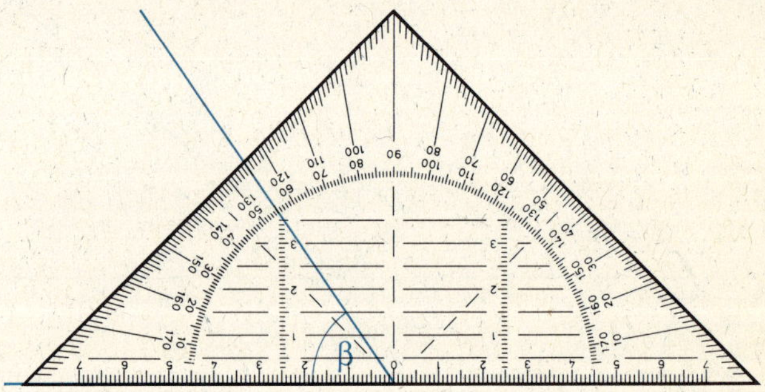

4. Welcher Fehler ist hier beim Messen gemacht worden?

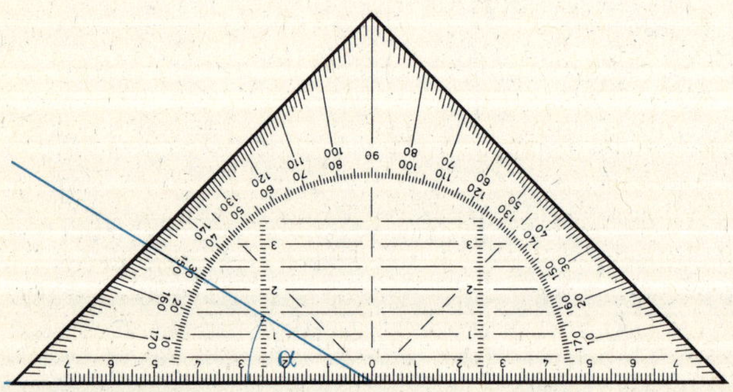

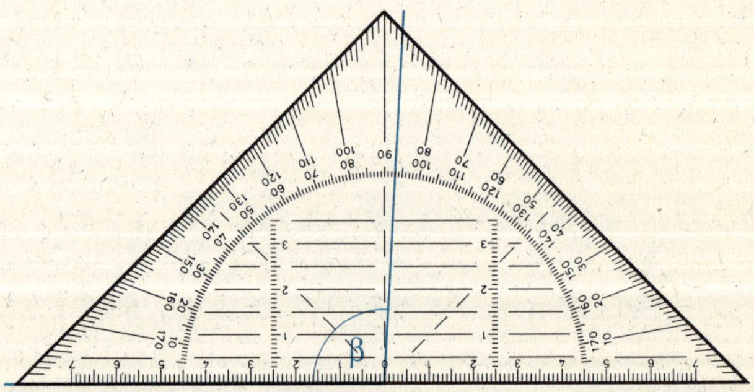

α = 150° *f*

α = _____ °

β = 87° *f*

β = _____ °

Name: ______________________________ Klasse: __________

Zu Seite 35

1. Zeichne die Himmelsrichtungen NO, SO, SW und NW ein.

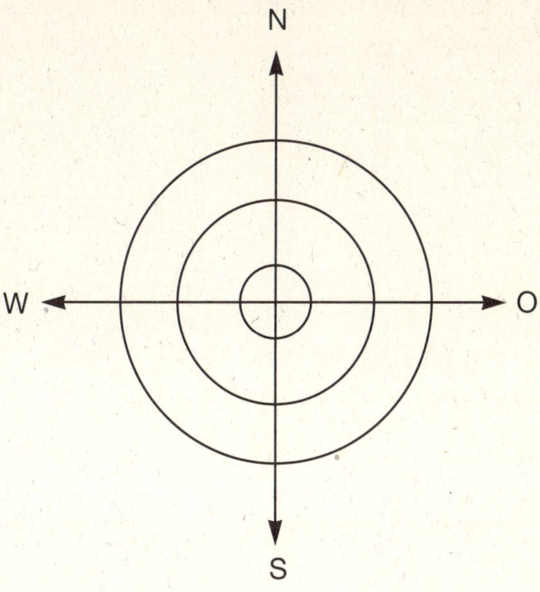

a) Welchen Kurs hält ein Segelflugzeug beim Segeln in diese Richtungen?

NO: Kurs ________ °

SO: Kurs ________ °

SW: Kurs ________ °

NW: Kurs ________ °

b) Eine Boing hält einen Kurs von 45°. Der Pilot bekommt den Auftrag, eine Kursänderung von 135° nach rechts vorzunehmen. In welche Richtung steuert er jetzt?

A: Kurs ________

c) Zeichne folgende Kurse ein.
a) Kurs 33° b) Kurs 97° c) Kurs 89° d) Kurs 141°

2. Schatzsuche.

Auf einer alten Karte finden Florian und Simone folgende Angaben:

"Begebe dich zum Eingang der roten Mühle.
- Gehe 20 m in Richtung S.
- Gehe von da aus 60 m in einem Kurs von 130°.
- Jetzt wandere 40 m genau nach Osten.
- Gehe von dort 120 m in genau folgender Richtung: 45° weniger als Nord.
- Schlage einen Kurs von 110° ein und gehe 55 m.
- Wende dich um 45° in die ungefähre Richtung NO und beginne nach 35 m zu graben."

Zeichne den Weg in der Karte nach (1 cm für 10 m) und finde heraus, wo der Schatz vergraben ist.

A: ______________________________

____

© 1992 Schroedel Schulbuchverlag GmbH, Hannover

Name: ______________________ Klasse: __________

Zu Seite **38** bis **49**

1. Zeichne die Schrägbilder der Schränke (1 cm für 1 m).

Beispiel: a) Tiefe: 2 m b) Tiefe: 1,60 m c) Tiefe: 0,80 m

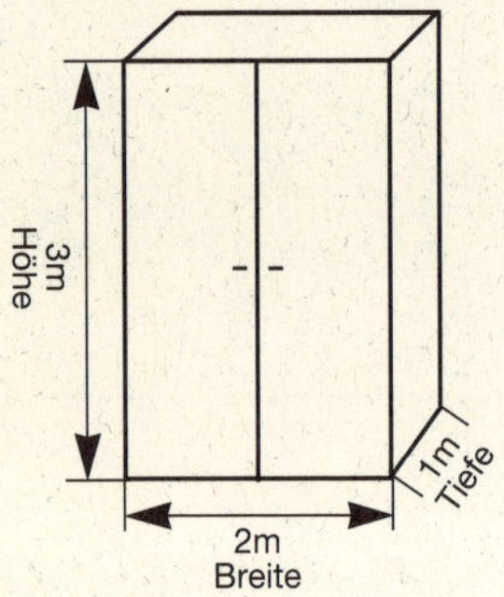

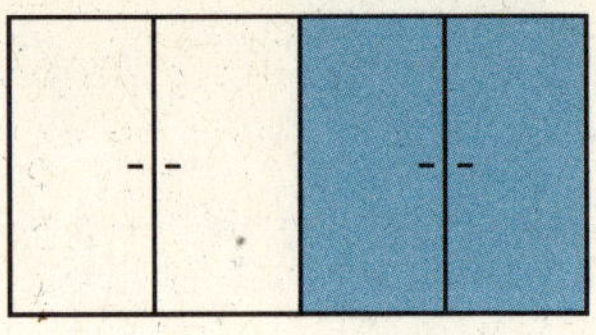

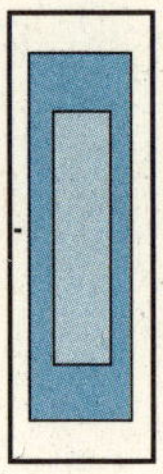

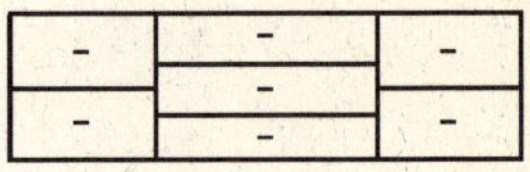

2. Vervollständige die Schrägbilder.

a) eines Würfels
a = 2,5 cm

b) eines Quaders
a = 3 cm
b = 1,5 cm
c = 7 cm

c) eines Quaders
a = 1,3 cm
b = 2,1 cm
c = 5,2 cm

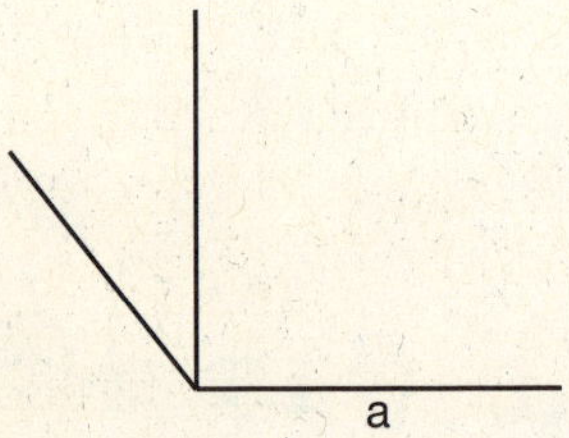

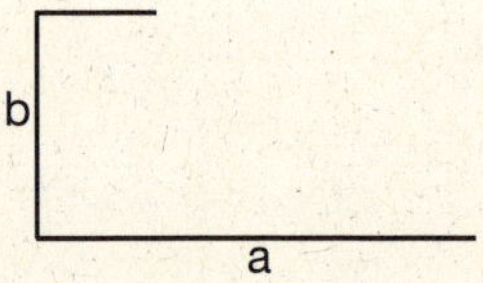

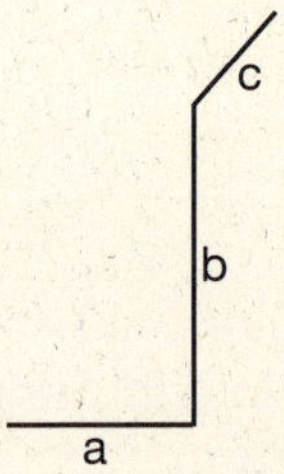

3. Welche 2 Fehler sind beim Zeichnen des Schrägbildes des Würfels gemacht worden, zu dem das Netz gehört? Zeichne richtig.

Netz *Schrägbild* *Schrägbild*

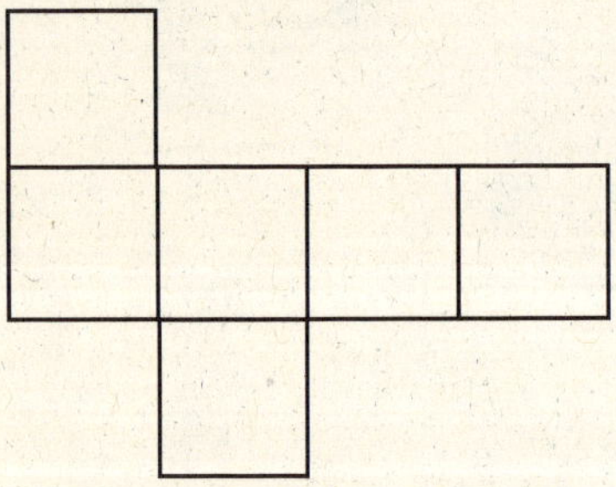

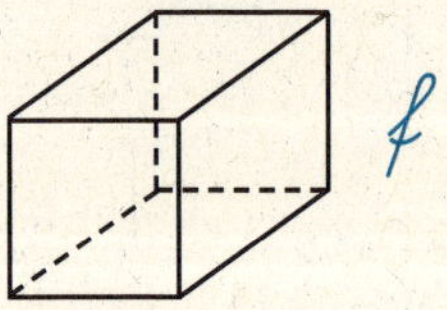

A: ______________________________
____

4. Miß die Kantenlängen des Quaders und zeichne dann das dazugehörige Netz. Achte bei c auf die wirkliche Länge.

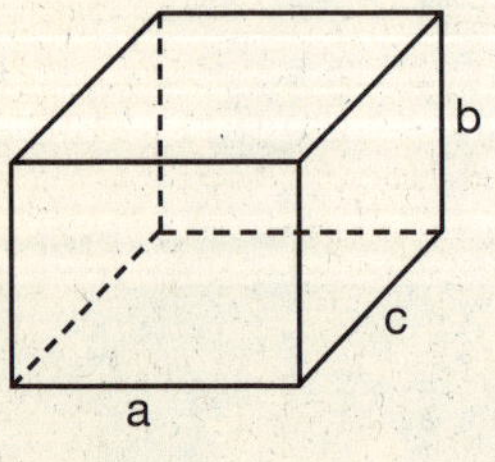

a = _____ cm, b = _____ cm, c gemessen: _____ cm, also c = _____ cm

Name: ____________________ Klasse: ____________

Zu Seite **51** bis **52**

1. Verwandle in die angegebene Maßeinheit.

36 cm^3 = ________ mm^3 106 cm^3 = ________ mm^3 207 m^3 = ________ dm^3

80 dm^3 = ________ cm^3 743 m^3 = ________ dm^3 906 dm^3 = ________ cm^3

2. 1946 cm^3 = ________ dm^3 146 cm^3 = ________ dm^3 6 m^3 145 dm^3 = ________ m^3

2113 dm^3 = ________ m^3 93 dm^3 = ________ m^3 72 dm^3 19 cm^3 = ________ dm^3

3. 2 m^3 + 170 dm^3 + 1 m^3 530 dm^3 = ____________________ = ________ dm^3

15 dm^3 + 820 cm^3 + 3 dm^3 247 cm^3 = ____________________ = ________ cm^3

4. 27 *l* = ________ ml 276 *l* = ________ hl 328 ml = ________ *l*

46 hl = ________ *l* 954 ml = ________ *l* 1619 *l* = ________ hl

5. 13 hl 46 *l* = ________ hl 8 *l* 157 ml = ________ *l* 21 hl 83 *l* = ________ hl

51 *l* 62 ml = ________ *l* 17 hl 58 *l* = ________ hl 9 *l* 765 ml = ________ *l*

6. Wandle in die angegebene Maßeinheit um. Färbe anschließend den entsprechenden Teil des Meßbechers.

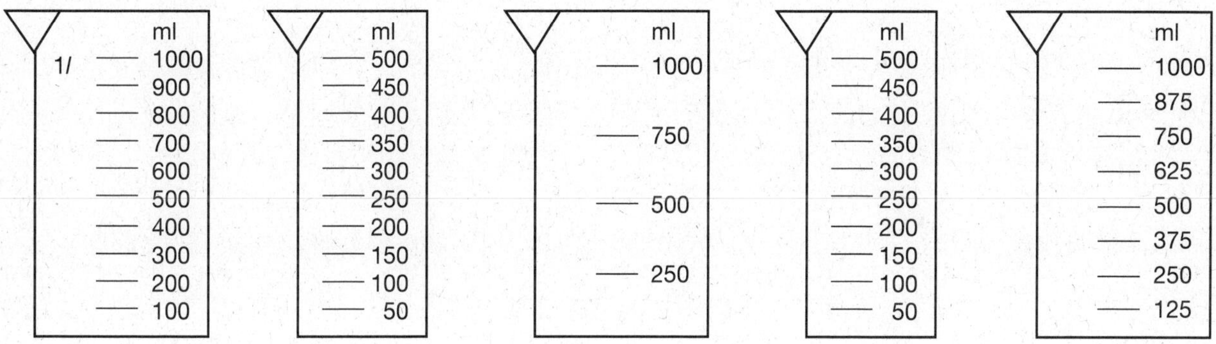

$\frac{1}{2}$ *l* = ______ ml $\frac{1}{4}$ *l* = ______ ml $\frac{3}{4}$ *l* = ______ ml $\frac{1}{5}$ *l* = ______ ml $\frac{1}{8}$ *l* = ______ ml

7. Rechne um in cm^3.

a) 3 *l* = ______ cm^3 b) 72 *l* = ______ cm^3 c) $1\frac{3}{4}$ *l* = ______ cm^3 d) $10\frac{1}{2}$ *l* = ______ cm^3

8. Verwandle in die angegebenen Maßeinheiten.

a) 5600 cm^3 = ______ ml = ______ *l* b) 1875 cm^3 = ______ ml = ______ *l*

c) 7400 *l* = ______ dm^3 = ______ m^3 d) 3800 *l* = ______ dm^3 = ______ m^3

9. Ergänze zu 1 Liter.

a) 250 cm^3 + ____ cm^3 = 1 *l* b) 640 cm^3 + ____ cm^3 = 1 *l* c) 525 cm^3 + ____ cm^3 = 1 *l*

d) 113 cm^3 + ____ cm^3 = 1 *l* e) 911 cm^3 + ____ cm^3 = 1 *l* f) 85 cm^3 + ____ cm^3 = 1 *l*

© 1992 Schroedel Schulbuchverlag GmbH, Hannover

Name: ______________________________ Klasse: __________

Zu Seite 53

1. Schätze den Rauminhalt. Ordne zu: 10 *l*, 150 *l*, $\frac{1}{4}$ *l*, 30 cm³, 4 m³, 5 *l*

2. Berechne das Volumen der Quader.

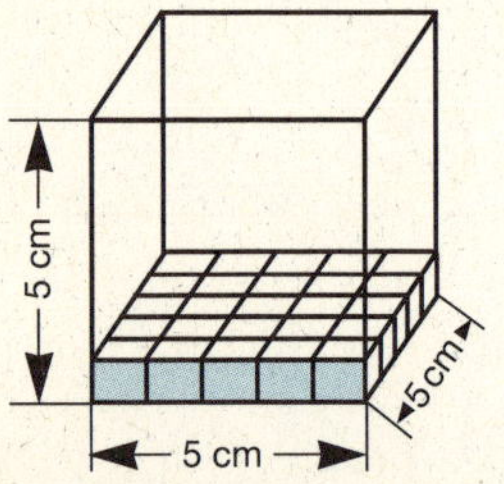

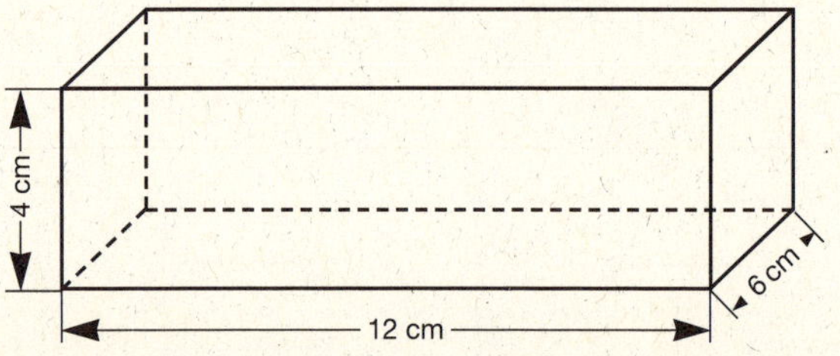

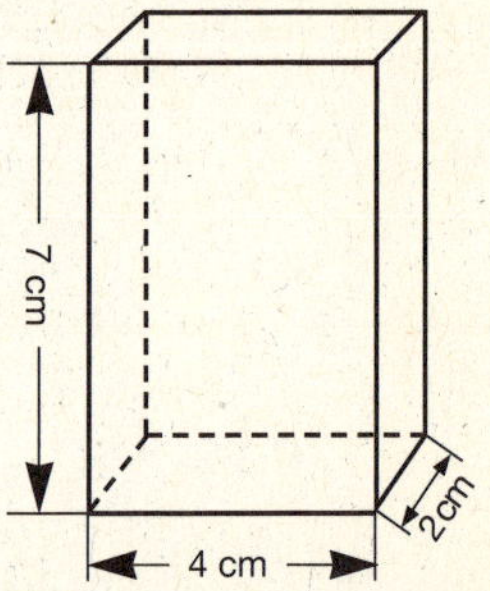

V= __________ V= __________ V= __________

3. Die kleinen Würfel haben die Kantenlänge 1 cm. Wie groß ist die Oberfläche der Körper?

Vorderfläche: ______ cm^2

Seitenfläche: ______ cm^2

Grundfläche: ______ cm^2

Oberfläche: ______________ cm^2

Vorderfläche: ______ cm^2

Seitenfläche: ______ cm^2

Grundfläche: ______ cm^2

Oberfläche: ______________ cm^2

4. Berechne die Oberfläche der Quader.

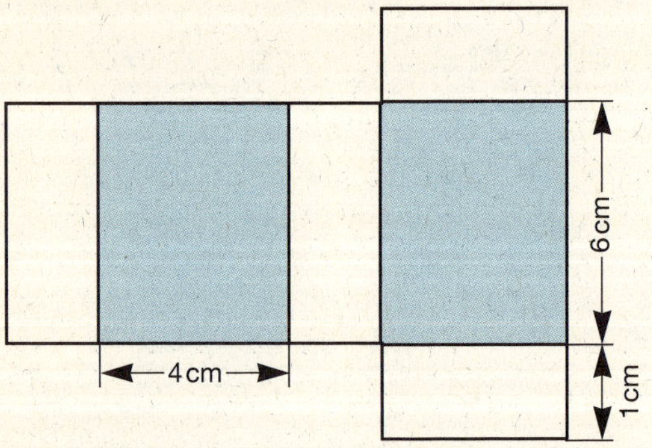

Vorderfläche: ______ cm^2

Seitenfläche: ______ cm^2

Grundfläche: ______ cm^2

Oberfläche: ______________ cm^2

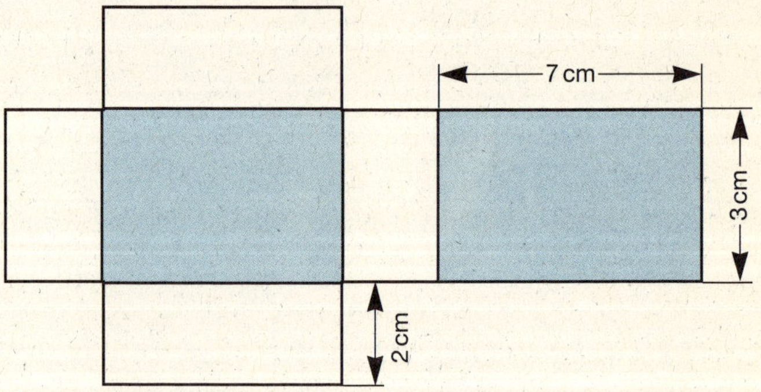

Vorderfläche: ______ cm^2

Seitenfläche: ______ cm^2

Grundfläche: ______ cm^2

Oberfläche: ______________ cm^2

5. Ein Tank faßt 2 m^3 Heizöl, er ist zu $\frac{3}{4}$ gefüllt. Wieviel Liter sind es?

R: ______________________ A: ______________________

Name: ______________________ Klasse: __________

Zu Seite **58** bis **61**

1. Schreibe in der größeren Einheit.

a) 35DM 26Pf = 35,26 DM b) 35kg 250g = ____ c) 14km 750m = ____

4m 12cm = ____ 6t 275kg = ____ 8kg 75g = ____

9DM 74Pf = ____ 23m 5cm = ____ 4DM 3Pf = ____

2. Trage die Preise auf den Schildern in die Stellentafel ein.

100 DM	10 DM	1 DM	$\frac{1}{10}$ DM	$\frac{1}{100}$ DM

3. Welche Brüche sind es? Schreibe als Brüche und als Dezimalbrüche.

Z	E	$\frac{1}{10}$	$\frac{1}{100}$	$\frac{1}{1000}$
	1	0	5	4

Z	E	$\frac{1}{10}$	$\frac{1}{100}$	$\frac{1}{1000}$
2	5	0	7	

Z	E	$\frac{1}{10}$	$\frac{1}{100}$	$\frac{1}{1000}$
	3	2	0	4

Z	E	$\frac{1}{10}$	$\frac{1}{100}$	$\frac{1}{1000}$
5	0	4		

4. Trage ein: $\frac{24}{100}$ 0,432 $3\frac{275}{1000}$ 24,005

Z	E	$\frac{1}{10}$	$\frac{1}{100}$	$\frac{1}{1000}$

Z	E	$\frac{1}{10}$	$\frac{1}{100}$	$\frac{1}{1000}$

Z	E	$\frac{1}{10}$	$\frac{1}{100}$	$\frac{1}{1000}$

Z	E	$\frac{1}{10}$	$\frac{1}{100}$	$\frac{1}{1000}$

5. Schreibe als Dezimalbruch oder als Summe.

a) $6 + \frac{5}{10} + \frac{8}{100} + \frac{1}{1000} =$ ____

$8 + \frac{2}{10} + \frac{3}{100} + \frac{6}{1000} =$ ____

$3 + \frac{4}{10} + \frac{5}{1000} =$ ____

b) 4,62 = ____ + ―― + ――

9,253 = ____

7,082 = ____

6. Schreibe als Dezimalbruch oder als Bruch.

a) $\frac{7}{10}$ = 0,7 $\frac{13}{100}$ = ____ $\frac{819}{1000}$ = ____ $\frac{19}{1000}$ = ____ $\frac{75}{100}$ = ____ $\frac{1004}{1000}$ = ____

b) 0,4 = ____ 0,17 = ____ 0,85 = ____ 0,103 = ____ 0,32 = ____ 1,35 = ____

7. Welche Dezimalbrüche sind dargestellt?

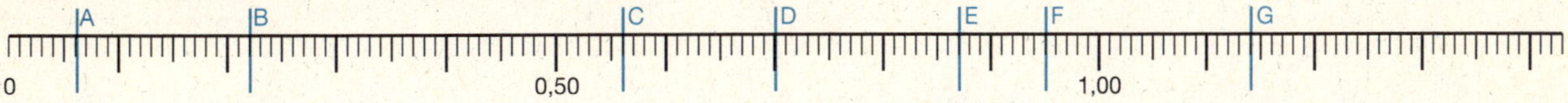

A = ____ B = ____ C = ____ D = ____ E = ____ F = ____ G = ____

© 1992 Schroedel Schulbuchverlag GmbH, Hannover

Name: ______________________ Klasse: __________

Zu Seite **64** bis **65**

1. Erweitere oder kürze die Dezimalbrüche.

a)

erweitere mit	10	100	1000
0,5			
0,72			
0,05			
0,80			

b) Kürze.

6,40 = ______________

0,3200 = ______________

1,400 = ______________

6,050 = ______________

2. Erweitere auf vier Stellen nach dem Komma. Gib die Erweiterungszahl in Klammern an.

7,3 = ________ 41,72 = ________ 0,3 = ________ 12,41 = ________

5,4 = ________ 39,014 = ________ 4,60 = ________ 0,472 = ________

3. Kürze soweit wie möglich. Gib die Kürzungszahl in Klammern an.

0,680 = ________ 8,060 = ________ 12,080 = ________ 0,7000 = ________

0,200 = ________ 0,900 = ________ 4,600 = ________ 0,0100 = ________

4. Kleiner, größer oder gleich? Setze ein: <, >, =

0,5 ☐ 0,25 0,71 ☐ 0,9 0,09 ☐ 0,90 2,10 ☐ 2,1 0,7 ☐ 0,69

5. Welche Brüche sind gleich? Unterstreiche sie immer mit der gleichen Farbe.

0,6 0,06 0,13 0,600 0,060 6,0 0,103 0,6000 0,130

6. Ordne, beginne mit dem kleinsten Bruch. 0,3 0,030 0,003 0,033 0,333 0,303

________ < ________ < ________ < ________ < ________ < ________

7. Schreibe die Brüche als Dezimalbruch.

a) $\frac{2}{5} = \frac{\ }{10} =$ ____ b) $\frac{4}{5} = \frac{\ }{10} =$ ____ c) $\frac{12}{50} = \frac{\ }{100} =$ ____ d) $\frac{3}{4} = \frac{\ }{100} =$ ____

$\frac{7}{2} = \frac{\ }{10} =$ ____ $\frac{5}{2} = \frac{\ }{10} =$ ____ $\frac{15}{25} = \frac{\ }{100} =$ ____ $\frac{6}{20} = \frac{\ }{\ } =$ ____

8. Ein Bruch und ein Dezimalbruch sind gleich. Verbinde sie.

a)

0,1	$\frac{5}{10}$
0,5	$\frac{2}{100}$
0,03	$\frac{1}{10}$
0,02	$\frac{3}{100}$

b)

0,25	$\frac{25}{1000}$
1,05	$\frac{25}{100}$
0,025	$1\frac{5}{100}$
2,25	$2\frac{25}{100}$

c)

0,4	$\frac{2}{5}$
0,025	$\frac{1}{4}$
0,25	$\frac{1}{2}$
0,5	$\frac{5}{200}$

Name: ______________________ Klasse: __________

Zu Seite 68 bis 72

1.

a) 2 5, 6 2	b) 7 3, 4 2	c) 8 4, 9 4 1	d) 9 1, 1 7 3
+ 7, 1 8	- 1 1, 3 1	+ 1 3, 0 7 9	- 1 7, 4 2 8

2. Schreibe richtig untereinander, dann rechne aus.

a) 5,817 + 9,163

b) 4,024 - 0,917

c) 8,107 - 3,296

d) 4,043 - 1,165

3. Wieviel Kilogramm hat der Lastwagen geladen?

Antwort: ______________________

____

4. Erweitere die untereinanderstehenden Zahlen auf gleiche Stellenwerte. Rechne dann aus.

4, 3 8	9, 3 8	1 0, 2	2 1, 4 8 5	1 2, 4
+ 0, 6 4 2	- 0, 2	+ 3, 1 4	- 1 0, 0 7	+ 9, 3 4
+ 0, 7	- 0, 1 4 6	+ 4, 0 7 5	- 3, 7 1 9	+ 0, 9 2
16	16	18	28	16

5. Aufgepaßt! Komma unter Komma.

9,007 + 0,38 + 2,006 + 3,14 = ______________ 16

6,168 - 3,75 - 0,05 - 2,225 = ______________ 8

0,03 + 3,417 + 2,017 + 0,16 = ______________ 17

6. Rechne als Bruch oder Dezimalbruch. Entscheide, was für die Aufgabe günstiger ist.

a) $\frac{1}{2}$ + 0,6 = ______________

b) 0,25 + $\frac{32}{50}$ = ______________

c) 5 $\frac{3}{4}$ - 2,5 = ______________

d) 4,2 + 12 $\frac{3}{5}$ = ______________

e) 4 $\frac{5}{6}$ - 2,3 = ______________

© 1992 Schroedel Schulbuchverlag GmbH, Hannover

Name: ______________________ Klasse: __________

Zu Seite 89 bis 91

1. In welchem Kasten ist der meiste Sprudel? Kasten ________

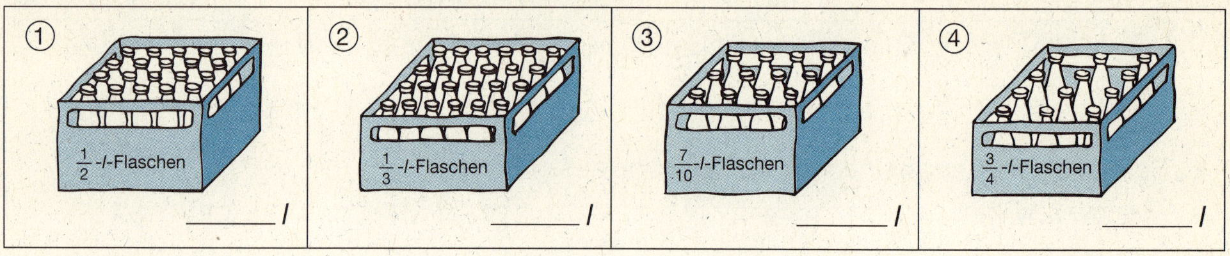

2. Ergänze die fehlenden Zahlen.

a) $3 \cdot \frac{2}{7} = \frac{\quad}{7}$ b) $7 \cdot \frac{3}{20} = \frac{\quad}{20} =$ ____ c) $5 \cdot \frac{3}{4} = \frac{\quad}{4} =$ ____ d) $5 \cdot \frac{3}{10} = \frac{\quad}{10} =$ ____

$2 \cdot \frac{2}{9} = \frac{\quad}{9}$ $5 \cdot \frac{3}{7} = \frac{\quad}{7} =$ ____ $7 \cdot \frac{4}{9} = \frac{\quad}{9} =$ ____ $4 \cdot \frac{6}{7} = \frac{\quad}{7} =$ ____

3. Unten steht immer das Doppelte!

$\frac{2}{5}$	$\frac{3}{7}$	$\frac{1}{9}$	$\frac{2}{11}$	$1\frac{1}{3}$	$3\frac{1}{4}$	$5\frac{3}{4}$	$\frac{3}{16}$	$7\frac{1}{5}$	$\frac{5}{8}$	$\frac{2}{3}$	$6\frac{1}{2}$
$\frac{4}{5}$	$\frac{6}{7}$										

4. Setze die Folge fort.

$\frac{1}{6}$	$\frac{1}{3}$	$\frac{2}{3}$	$1\frac{1}{3}$								$170\frac{2}{3}$

5. a)

Erweitere mit 4		Multipliziere mit 4
$\frac{3}{4} = \frac{3 \cdot 4}{4 \cdot 4} = \frac{12}{16}$	$\frac{3}{4}$	
	$\frac{2}{5}$	
	$\frac{7}{3}$	
	$2\frac{1}{2}$	

b)

Erweitere mit 4		Multipliziere mit 4
	$\frac{7}{8}$	
	$\frac{5}{9}$	
	$3\frac{1}{3}$	
	$4\frac{4}{5}$	

6. Wurde erweitert oder multipliziert? Schreibe auf den Pfeil.

a) $\frac{4}{7}$ ⟶ $\frac{20}{35}$ b) $\frac{6}{10}$ ⟶ $\frac{24}{10}$

$\frac{3}{8}$ ⟶ $\frac{6}{16}$ $\frac{21}{24}$ ⟶ $\frac{21}{12}$

7. a) $2\frac{3}{5} \cdot 4 = \frac{13}{5} \cdot 4 =$ ________ $=$ ____ b) $3\frac{6}{7} \cdot 3 =$ ____ $\cdot 3 =$ ________ $=$ ____

$5\frac{1}{3} \cdot 2 =$ ____ $\cdot 2 =$ ________ $=$ ____ $4\frac{1}{8} \cdot 6 =$ ____ $\cdot 6 =$ ________ $=$ ____

$4\frac{1}{2} \cdot 6 =$ ____ $\cdot 6 =$ ________ $=$ ____ $6\frac{2}{3} \cdot 9 =$ ____ $\cdot 9 =$ ________ $=$ ____

Name: ______________________ Klasse: ____________

Zu Seite **92** bis **95**

1. a) $\frac{3}{4} : 3 = \frac{3:3}{4} = \frac{1}{4}$ b) $\frac{8}{11} : 4 = \_\_ = \_\_$ c) $\frac{3}{4} : 5 = \frac{3}{4 \cdot 5} = \_\_$ d) $\frac{5}{12} : 4 = \_\_ = \_\_$

$\frac{8}{9} : 2 = \_\_ = \_\_$ $\frac{10}{17} : 5 = \_\_ = \_\_$ $\frac{5}{7} : 4 = \_\_ = \_\_$ $\frac{9}{13} : 5 = \_\_ = \_\_$

2. Ergänze die fehlenden Zahlen.

a) $\frac{6}{7} : 3 = \frac{}{7}$ b) $\frac{3}{8} : 4 = \frac{3}{}$ c) $\frac{4}{5} : 6 = \frac{}{15}$ d) $\frac{6}{11} : 8 = \frac{3}{}$ e) $\frac{7}{12} : 7 = \frac{1}{}$

3. Unten steht immer die Hälfte.

$\frac{1}{2}$	$\frac{1}{8}$	$\frac{1}{10}$	$\frac{1}{9}$	$\frac{2}{3}$	$\frac{3}{7}$	$\frac{5}{12}$	$\frac{6}{11}$	$4\frac{2}{5}$	$6\frac{3}{8}$	$1\frac{1}{3}$	$4\frac{1}{2}$

4. a)

Kürze mit 3		Dividiere durch 3
$\frac{3}{9} = \frac{3:3}{9:3} = \frac{1}{3}$	$\frac{3}{9}$	
	$\frac{12}{15}$	
	$\frac{15}{21}$	
	$\frac{9}{48}$	

b)

Kürze mit 4		Dividiere durch 4
	$\frac{12}{16}$	
	$\frac{4}{12}$	
	$3\frac{8}{12}$	
	$2\frac{4}{8}$	

5. Wurde gekürzt oder dividiert? Schreibe auf den Pfeil.

a) $\frac{12}{16} \longrightarrow \frac{3}{4}$ b) $\frac{6}{8} \longrightarrow \frac{3}{8}$

$\frac{21}{42} \longrightarrow \frac{7}{14}$ $\frac{6}{9} \longrightarrow \frac{2}{3}$

6. a) $4\frac{1}{5} : 7 = \frac{21:7}{5} = \frac{3}{5}$ b) $3\frac{1}{6} : 3 =$ c) $4\frac{2}{5} : 11 =$

$5\frac{1}{2} : 2 = \_\_ = \_\_$ $4\frac{2}{3} : 7 =$ $2\frac{5}{6} : 4 =$

7. Peter denkt sich eine Zahl. Er multipliziert sie mit 5 und erhält $\frac{40}{7}$. Wie heißt die Zahl?

Rechnung: ____________ Antwort: ____________

8. Renate multipliziert eine Zahl mit 6 und erhält $1\frac{1}{2}$. Wie heißt die Zahl?

Rechnung: ____________ Antwort: ____________

9. a) $\left(\frac{3}{8} + \frac{1}{8}\right) : 4 =$ ____________   b) $\left(\frac{1}{2} + \frac{1}{3}\right) : 3 =$ ____________

$\left(\frac{4}{7} + \frac{2}{7}\right) : 6 =$ ____________ $\left(\frac{3}{4} + \frac{1}{8}\right) : 4 =$ ____________

$\left(\frac{3}{5} - \frac{1}{5}\right) : 2 =$ ____________ $\left(\frac{7}{8} - \frac{1}{3}\right) : 2 =$ ____________

$\left(\frac{6}{7} - \frac{3}{7}\right) : 7 =$ ____________ $\left(\frac{2}{3} - \frac{3}{5}\right) : 6 =$ ____________

© 1992 Schroedel Schulbuchverlag GmbH, Hannover

Name: ______________________ Klasse: __________

Zu Seite **100** bis **103**

1. Bestimme den Umfang der Figuren. Schreibe die Maße an die Seiten der Figuren.

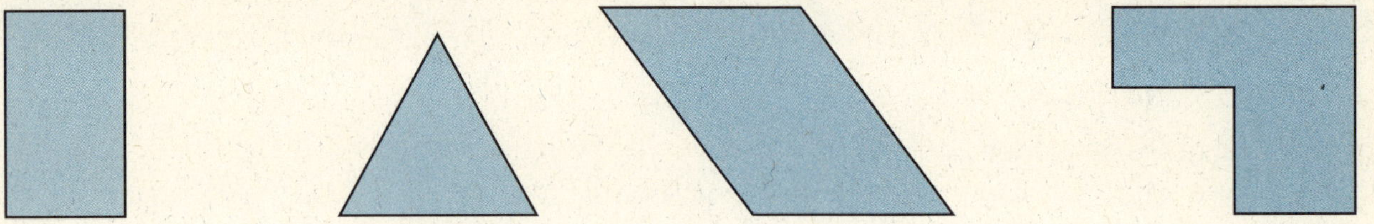

u= ______ u= ______ u= ______ u= ______

2. Zeichne die Rechtecke so, daß der Umfang immer 12 cm beträgt.

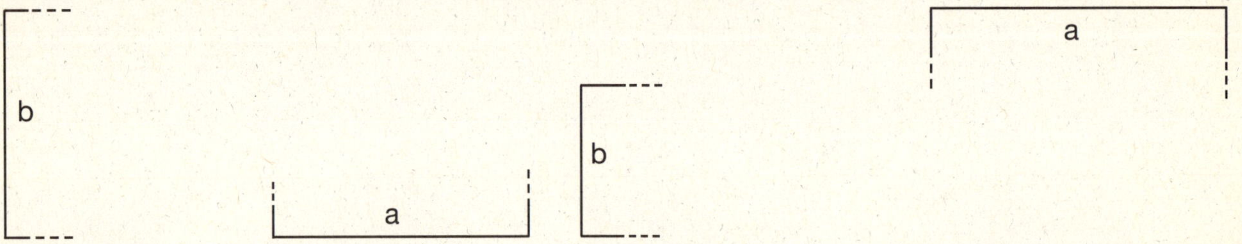

b = 3,0 cm	a = 3,5 cm	b = 2,0 cm	a = 4,0 cm
a = ______	b = ______	a = ______	b = ______

3. In einem Park soll ein rechteckiges Beet mit Kantensteinen von 1 m Länge eingefaßt werden. Das Beet ist 15 m lang und 8 m breit. Wie viele Steine braucht man?

Antwort: ____

4. Miß Länge und Breite der Rechtecke, dann berechne Flächeninhalt und Umfang.

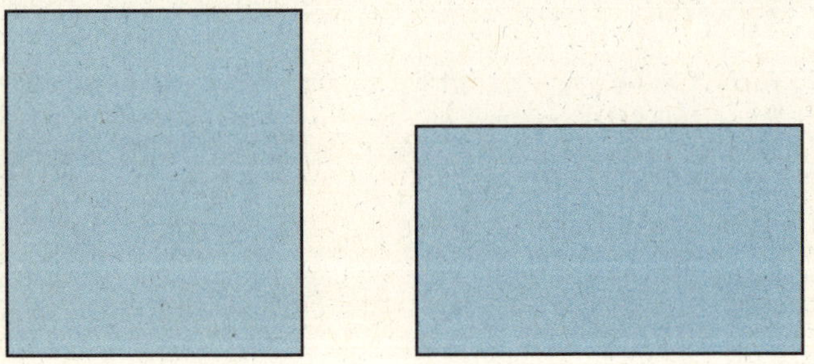

u = ________ cm u = ________ cm

A = ________ cm^2 A = ________ cm^2

5. Berechne die fehlenden Werte der Rechtecke.

Länge	25 m	19 cm	3 km		17 dm	
Breite	17 m	11,5 cm		16,5 m		10 mm
Umfang			14 km	110 m		
Flächeninhalt					85 dm^2	200 mm^2

Name: ________________________________ Klasse: ____________

Zu Seite **104** bis **106**

1. a) Schreibe die Formel für das Volumen und die Oberfläche des Quaders auf.

V = ______________________

O = ______________________

b) Berechne das Volumen des Quaders.

V = 5 cm · ______ · ______

V = ______________________

c) Berechne auch die Oberfläche des Quaders.

O = ______________________

O = ______________________

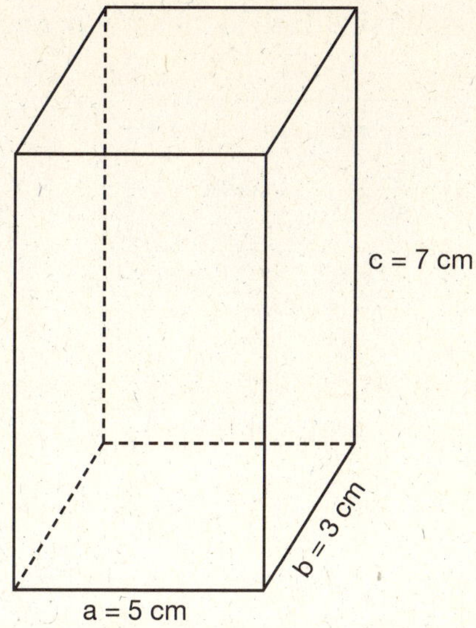

2. Berechne die fehlenden Größen der Quader.

Länge	17 cm	1,7 m	4,7 cm	1,7 dm	2 mm	5 cm
Breite	13 cm	2,5 m	9,3 cm	7,1 dm	2 mm	5 cm
Höhe	9 cm	0,6 m	14,5 cm	0,4 dm		
Volumen					8 mm^3	100 mm^2
Oberfläche						

3. Berechne das Volumen der Quader (Maße in Zentimeter).

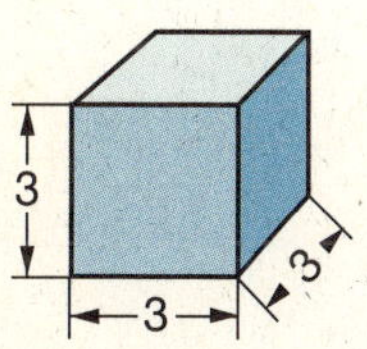

V= ____________

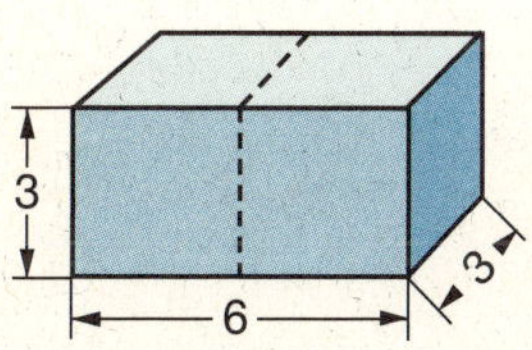

V= ____________

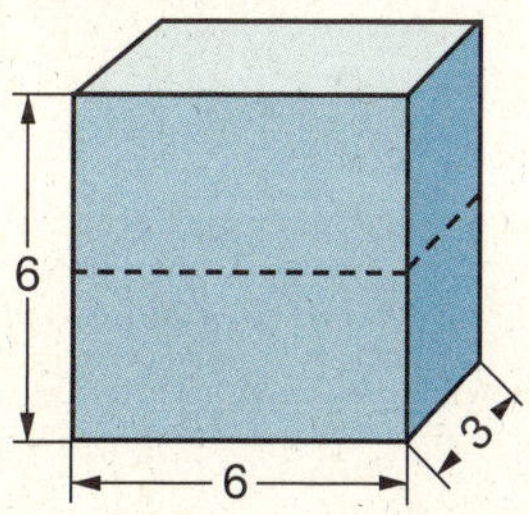

V= ____________

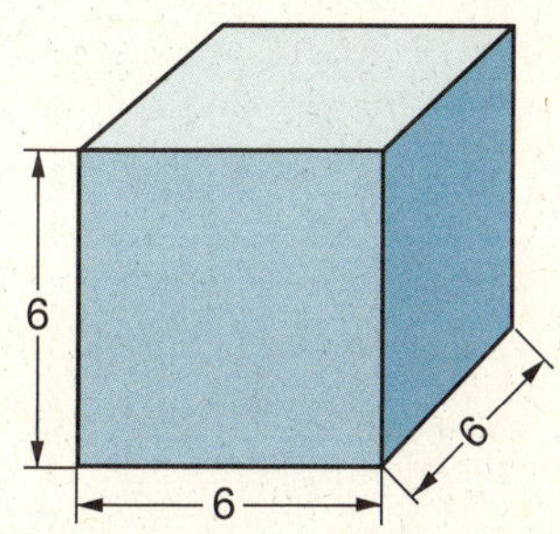

V= ____________

4. Berechne Oberfläche und Volumen der Körper. Was fällt auf? (Maße in Millimeter)

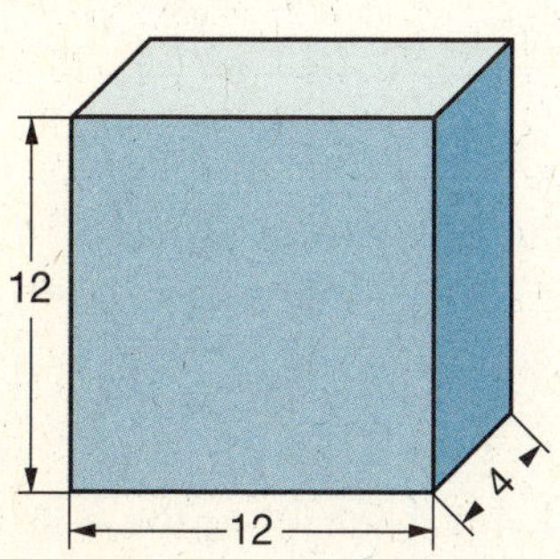

O= ____________

V= ____________

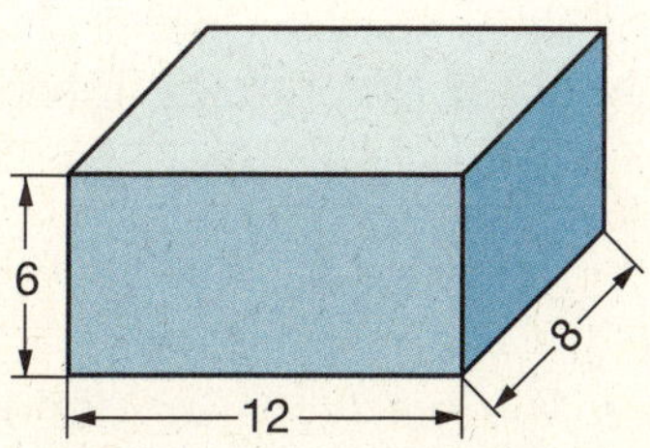

O= ____________

V= ____________

© 1992 Schroedel Schulbuchverlag GmbH, Hannover

Arbeitsblätter 6. Schuljahr

Name: ______________________ Klasse: __________

Zu Seite 108 bis 110

1. Bestimme das Rechenergebnis durch Auszählen.

a)

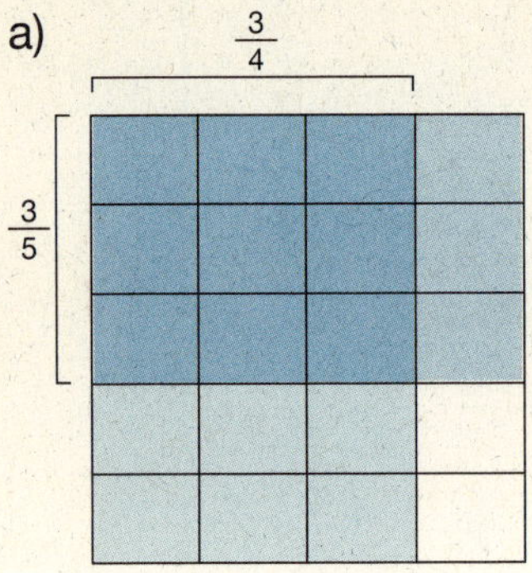

$\frac{3}{4} \cdot \frac{3}{5} =$ —

b)

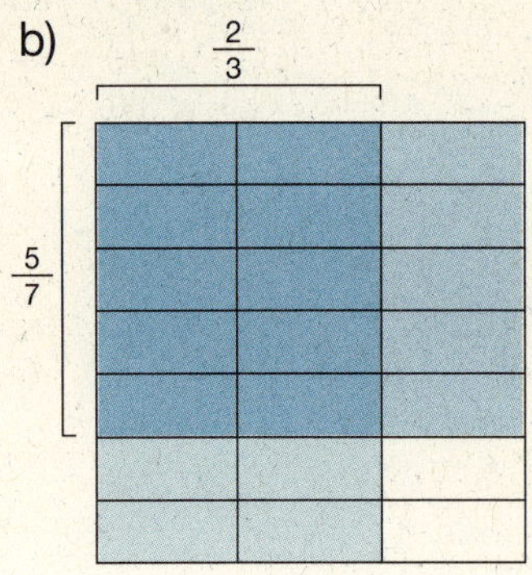

$\frac{2}{3} \cdot \frac{5}{7} =$ —

c)

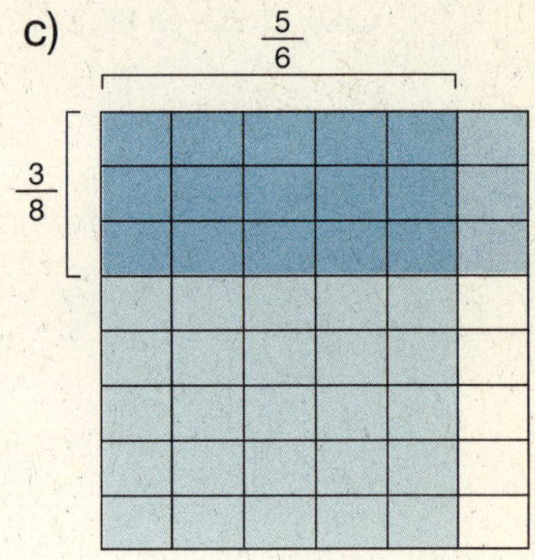

$\frac{5}{6} \cdot \frac{3}{8} =$ —

2. Stelle die Aufgabe und das Ergebnis zeichnerisch dar.

a) $\frac{1}{3} \cdot \frac{2}{3} = \frac{2}{9}$

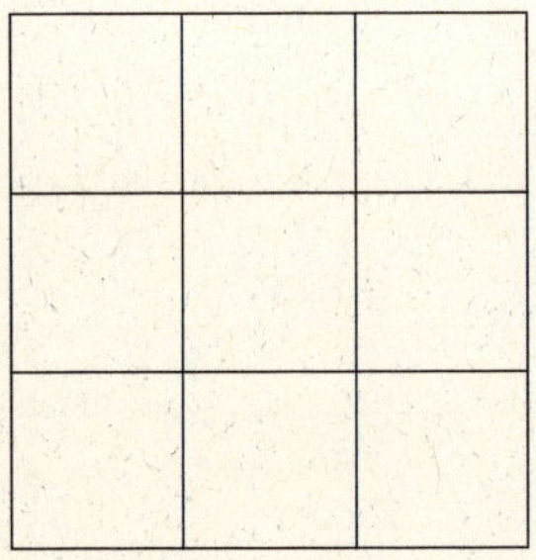

b) $\frac{3}{4} \cdot \frac{5}{6} = \frac{15}{24}$

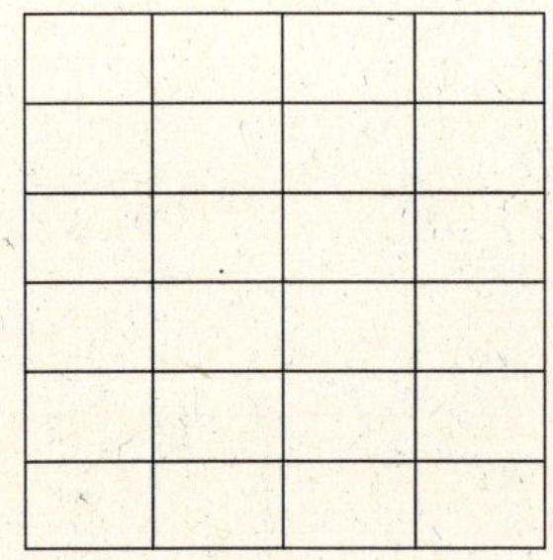

c) $\frac{2}{5} \cdot \frac{4}{7} = \frac{8}{35}$

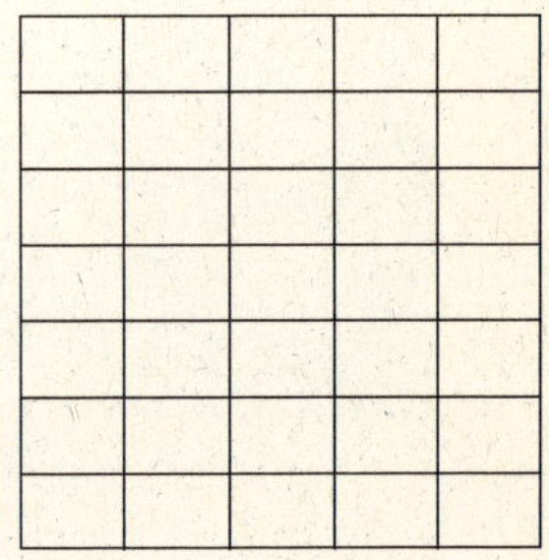

3. Rechne aus.

a) $\frac{2}{3} \cdot \frac{4}{9} =$ — b) $\frac{1}{4} \cdot \frac{1}{8} =$ — c) $\frac{2}{5} \cdot \frac{1}{3} =$ — d) $\frac{4}{9} \cdot \frac{5}{3} =$ —

$\frac{5}{7} \cdot \frac{6}{11} =$ — $\frac{3}{5} \cdot \frac{4}{7} =$ — $\frac{3}{8} \cdot \frac{7}{10} =$ — $\frac{7}{6} \cdot \frac{5}{11} =$ —

4. Kürze möglichst vor dem Ausrechnen.

a) $\frac{2}{3} \cdot \frac{6}{7} =$ ——— = — b) $\frac{5}{8} \cdot \frac{4}{10} =$ ——— = — c) $\frac{5}{12} \cdot \frac{8}{9} =$ ——— = — d) $\frac{8}{9} \cdot \frac{3}{4} =$ ——— = —

$\frac{9}{10} \cdot \frac{2}{3} =$ ——— = — $\frac{7}{10} \cdot \frac{5}{6} =$ ——— = — $\frac{11}{20} \cdot \frac{5}{11} =$ ——— = — $\frac{3}{14} \cdot \frac{2}{9} =$ ——— = —

5. In Sabines Klasse sind $\frac{2}{3}$ Mädchen. Davon ist $\frac{1}{4}$ älter als 12 Jahre. Welcher Bruchteil der Klasse ist das?

Rechnung: ______________ Antwort: ______________________________

6. Michael behält von einer Tafel Schokolade $\frac{3}{4}$ übrig. Später ißt er noch ein paar Stücken, so daß ihm $\frac{2}{3}$ des Restes bleiben. Welchen Bruchteil der ganzen Tafel Schokolade hat er noch?

Rechnung: ______________ Antwort: ______________________________

7. Fahrradkontrolle: $\frac{1}{3}$ aller Fahrräder hat Mängel. $\frac{1}{4}$ aller Mängel hat mit der Lichtanlage zu tun. Welcher Bruchteil der kontrollierten Fahrräder hat Mängel an der Lichtanlage?

Rechnung: ______________ Antwort: ______________________________

Name: ______________________ Klasse: ________

Zu Seite 110 bis 112

1. Rechne aus. Ersetze zuvor die gemischte durch die reine Bruchschreibweise. Kürze vor dem Ausrechnen.

a) $1\frac{1}{3} \cdot \frac{2}{5} = — \cdot — =$ b) $2\frac{2}{5} \cdot \frac{3}{4} = — \cdot — =$ c) $\frac{3}{5} \cdot 3\frac{1}{3} = — \cdot — =$

$2\frac{1}{2} \cdot 1\frac{1}{3} = — \cdot — =$ $3\frac{1}{2} \cdot 1\frac{5}{7} = — \cdot — =$ $4\frac{2}{3} \cdot 4\frac{4}{9} = — \cdot — =$

2. Ein Paket Waschpulver faßt $4\frac{1}{2}$ Kilogramm. Es ist nur noch zu zwei Drittel gefüllt. Wieviel Kilogramm sind noch im Paket?

Rechnung: ______________ Antwort: ______________________

3. Familie Sonnenberg hat eine Wanderung von $12\frac{1}{2}$ km vor sich. Vormittags schaffen sie $\frac{2}{5}$ der Strecke. Wieviel Kilometer muß sie am Nachmittag wandern?

Rechnung: ______________ Antwort: ______________________

4. Zeichne wie im Beispiel aus freier Hand und schätze das Ergebnis. Rechne anschließend genau aus und vergleiche beide Ergebnisse.

a) $4\frac{1}{2} \cdot \frac{2}{3} =$

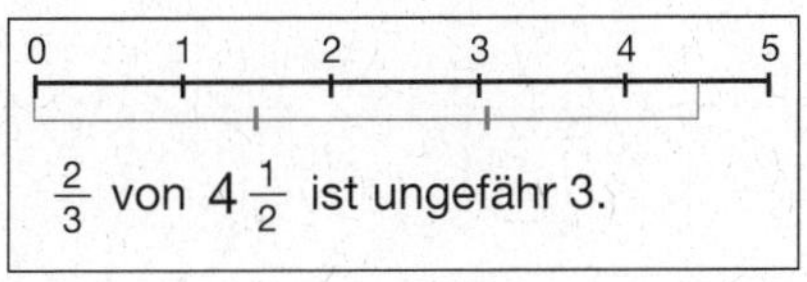

b) $2\frac{2}{5} \cdot \frac{3}{8} =$

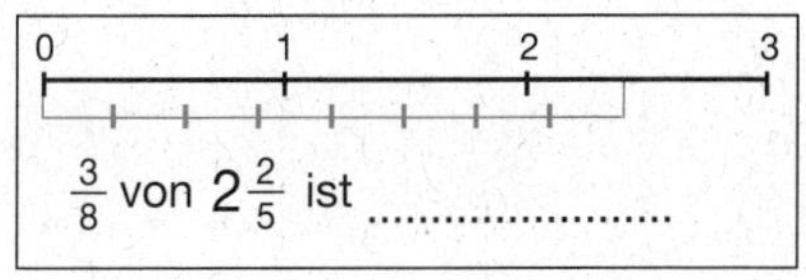

c) $3\frac{1}{3} \cdot \frac{4}{5} =$

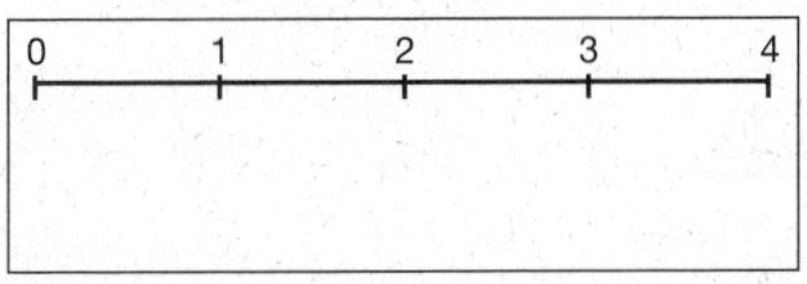

d) $2\frac{4}{7} \cdot \frac{1}{3} =$

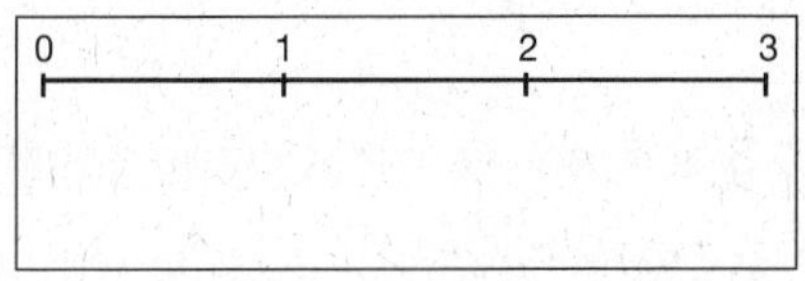

e) $5\frac{7}{9} \cdot \frac{3}{4} =$

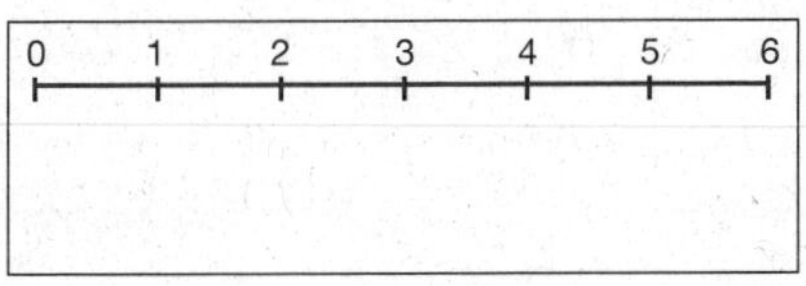

f) $1\frac{9}{11} \cdot \frac{2}{5} =$

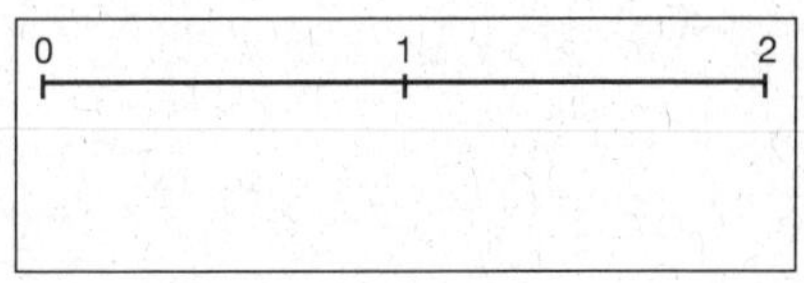

5. Zeichne aus freier Hand wie im Beispiel und finde so das Ergebnis.

a) $3 : \frac{1}{4} =$

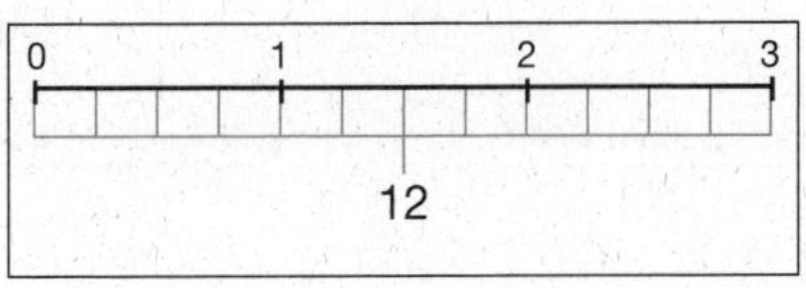

b) $2 : \frac{1}{2} =$

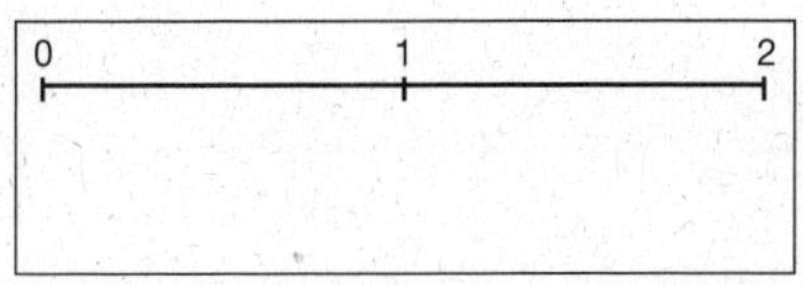

c) $4 : \frac{1}{3} =$

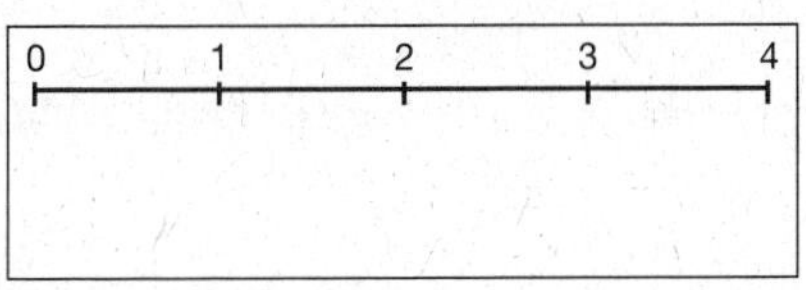

d) $3 : \frac{1}{5} =$

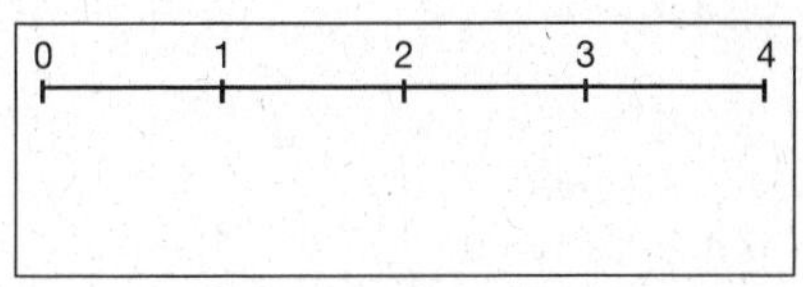

6. In einer Flasche sind 6 l Saft. Wie viele Gläser mit $\frac{1}{4}$ l Inhalt kann man aus dieser Flasche füllen?

Rechnung: $6 : \frac{1}{4} =$ ______________ Antwort: ______________________

7.

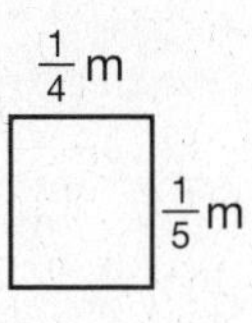

Wie viele solcher Steinplatten braucht man, um eine 8m lange und 5m breite Terrasse auszulegen?

Rechnung: ______________ Antwort: ______________________

© 1992 Schroedel Schulbuchverlag GmbH, Hannover

Name: ____________________ Klasse: __________

Zu Seite **116** bis **121**

1. Schreibe den Kehrbruch auf.

Bruch	$\frac{2}{3}$	$\frac{3}{5}$	$\frac{4}{5}$	$\frac{7}{8}$	$\frac{7}{12}$	$\frac{7}{4}$	$\frac{12}{5}$	$\frac{3}{2}$	$\frac{5}{2}$	$\frac{1}{2}$	$\frac{1}{5}$	$\frac{1}{6}$	3	5	1
Kehrwert															

2. Multipliziere mit dem Kehrwert. Kürze das Ergebnis.

a) $\frac{3}{5} : \frac{2}{3} = \frac{3}{5} \cdot \frac{3}{2} =$

$\frac{3}{4} : \frac{3}{8} = \frac{3}{4} \cdot \frac{8}{3} =$

b) $\frac{5}{6} : \frac{4}{7} =$ — · — $=$

$\frac{7}{8} : \frac{1}{2} =$ — · — $=$

c) $\frac{7}{9} : \frac{2}{3} =$ — · — $=$

$\frac{2}{3} : \frac{4}{5} =$ — · — $=$

3. Kürze vor dem Ausrechnen.

a) $\frac{4}{5} : \frac{3}{10} =$ —— = —

$\frac{3}{8} : \frac{1}{4} =$ —— = —

b) $\frac{2}{3} : \frac{7}{12} =$ —— = —

$\frac{5}{6} : \frac{3}{8} =$ —— = —

c) $\frac{8}{9} : \frac{4}{3} =$ —— = —

$\frac{5}{8} : \frac{3}{4} =$ —— = —

d) $\frac{10}{12} : \frac{5}{6} =$ —— = —

$\frac{11}{15} : \frac{11}{20} =$ —— = —

4. Rechne wie im Beispiel. Kürze vor dem Ausrechnen.

a) $5 : \frac{2}{3} = \frac{5 \cdot 3}{2} = \frac{15}{2} = 7\frac{1}{2}$

$4 : \frac{8}{9} =$ —— = — =

b) $6 : \frac{4}{5} =$ —— = — =

$7 : \frac{3}{8} =$ —— = — =

c) $3 : \frac{3}{7} =$ —— = — =

$5 : \frac{5}{8} =$ —— = — =

5. Berechne den Flächeninhalt oder die fehlende Seite.

a) $A = 6\ cm^2$; b= ; $a = 1\frac{2}{3}$ cm

b) A= ; $b = 5\frac{1}{4}$ cm; $a = 1\frac{5}{7}$ cm

c) $A = 5\frac{1}{3}\ cm^2$; $b = 1\frac{1}{9}$ cm; a=

d) A= ; $b = 6\frac{2}{3}$ cm; $a = 1\frac{7}{8}$ cm

e) $A = 3\frac{1}{3}\ cm^2$; $b = 1\frac{7}{8}$ cm; a=

f) A= ; $b = 6\frac{2}{3}$ cm; $a = 1\frac{11}{16}$ cm

6. Rechne aus. Ersetze zuvor die gemischte durch die reine Bruchschreibweise. Kürze vor dem Ausrechnen.

a) $3\frac{1}{5} : \frac{4}{7} =$ — : — = —— =

$2\frac{1}{7} : \frac{5}{14} =$ — : — = —— =

b) $2\frac{14}{25} : 1\frac{3}{5} =$ — : — = —— =

$6\frac{1}{8} : 1\frac{3}{4} =$ — : — = —— =

7. Maiks Aquarium faßt 360l. Nach einer Vollreinigung läßt er frisches Wasser langsam durch einen Enthärter fließen. Nach $7\frac{1}{5}$ Stunden ist das Aquarium gefüllt. Wieviel Liter fließen pro Stunde in das Aquarium?

Rechnung: ______________________

Antwort: ______________________

Name: ______________________ Klasse: __________

Zu Seite **125** bis **129**

1. Rechne schrittweise wie im Beispiel.

a) $\left(\frac{3}{4}+1\frac{2}{3}\right)\cdot 1\frac{1}{5}=\left(\frac{3}{4}+\frac{5}{3}\right)\cdot 1\frac{1}{5}=\left(\frac{9}{12}+\frac{20}{12}\right)\cdot\frac{6}{5}=\frac{29}{12}\cdot\frac{6}{5}=\frac{29\cdot\cancel{6}^{1}}{\cancel{12}^{2}\cdot 5}=\frac{29}{10}=2\frac{9}{10}$

b) $\left(3\frac{1}{2}-2\frac{1}{3}\right)\cdot 1\frac{5}{7}=$ ______________________

c) $2\frac{1}{4}\cdot\frac{2}{3}+1\frac{1}{4}:\frac{5}{6}=$ ______________________

d) $6:\frac{1}{2}-4\frac{1}{5}\cdot 1\frac{3}{7}=$ ______________________

2. Rechne geschickt. Notiere den Rechenweg mit Klammern oder durch Umstellen.

a) $4\frac{2}{3}+\frac{7}{8}+1\frac{1}{8}=$ ______________________

b) $12\frac{3}{7}+4\frac{1}{9}-2\frac{3}{7}=$ ______________________

c) $\frac{3}{4}\cdot 1\frac{7}{10}+\frac{1}{4}\cdot 1\frac{7}{10}=$ ______________________

3. Erweitere so, daß du zwischen beiden Brüchen die geforderte Anzahl von Brüchen angeben kannst.

a) $\frac{1}{3}$ und $\frac{2}{3}$; 4 Brüche dazwischen: — — — —

b) $\frac{5}{8}$ und $\frac{6}{8}$; 9 Brüche dazwischen: — — — — — — — — —

c) $1\frac{1}{4}$ und $1\frac{1}{2}$; 6 Brüche dazwischen: — — — — — —

4. In einem Weinfaß sind $7\frac{1}{2}$ Liter. Davon werden sechs $\frac{1}{2}$-l-Flaschen abgefüllt. Wieviel Liter Wein sind noch im Faß?

R: ______________________ A: ______________________

5. Die rechteckige Rasenfläche wird mit $\frac{2}{5}$ m langen Randsteinen eingefaßt. Wie viele Randsteine werden benötigt?

R: ______________________

A: ______________________

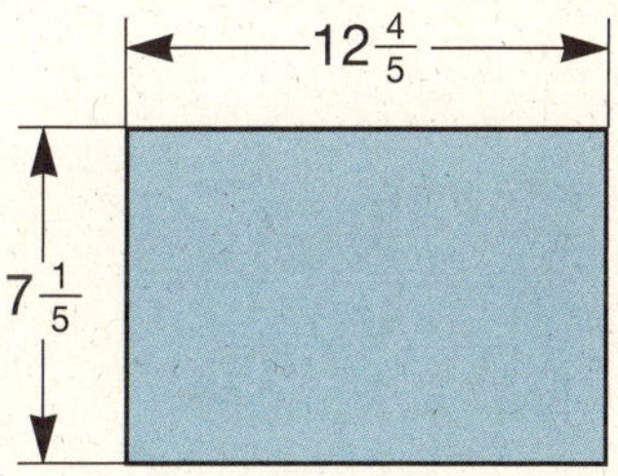

Zum Knacken und Knobeln

6. Ingo denkt sich eine Zahl. Er dividiert sie durch $\frac{3}{5}$ und addiert zum Ergebnis $\frac{4}{9}$. Als Ergebnis erhält er $1\frac{5}{12}$. Die Zahl heißt ____.

7. Wandertag! Die Klasse 6a hat die ersten 15 km in $3\frac{3}{5}$ Stunden zurückgelegt. Bis zum Ziel sind es noch 5 Kilometer. A: ______________________

8. Gabriele fährt mit dem Mofa zu ihrer Freundin. In einer Stunde legt sie durchschnittlich 20 Kilometer zurück. Nach $1\frac{1}{2}$ Stunden hat sie $\frac{3}{4}$ der Strecke zurückgelegt. Wie weit und wie lange muß sie noch fahren?

A: ______________________

© 1992 Schroedel Schulbuchverlag GmbH, Hannover

Name: ______________________ Klasse: __________

Zu Seite **142** und **143**

1. a)

·	10	100
7,432		
1,04		
0,3264		
0,073		

b)

:	10	100
325,42		
12,3		
60,9		
915,7		

2. a) 4,87 · 10 = ________ b) 634,2 : 1000 = ________ c) 260,4 : 100 = ________

0,1 · 100 = ________ 18,6 : 10 = ________ 4,9 : 10 = ________

3. Ein Blatt Papier ist 0,045 mm dick. Wie dick sind die Stapel aus:

a) 10 Blättern b) 100 Blättern c) 1000 Blättern

________ ________ ________

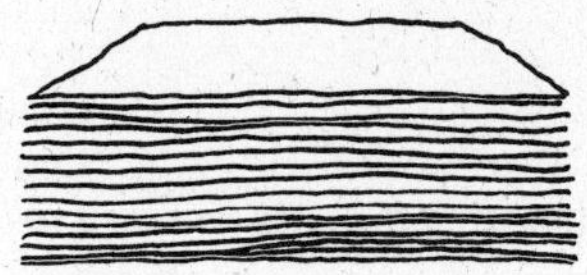

4. a) 0,4 · 2 = ________ b) 0,15 · 3 = ________ c) 0,2 · 12 = ________

0,3 · 4 = ________ 0,64 · 2 = ________ 0,4 · 16 = ________

0,2 · 7 = ________ 0,44 · 4 = ________ 0,7 · 14 = ________

5. a) 6,85 · 7 [25] b) 3,109 · 7 [19] c) 5,014 · 6 [15] d) 14,31 · 9 [27]

6. a) Frau Helm kauft für ihren Garten 9 Rosensträucher, das Stück zu 5,75 DM.

Antwort: ________________________

b) Sie kauft auch noch 8 Stiefmütterchen, das Stück zu 2,35 DM.

Antwort: ________________________

7. Im Ergebnis ist das Komma vergessen worden. Überschlage, dann trage das fehlende Komma ein.

7 · 0,243 = 1701 5 · 2,204 = 1102 3 · 0,452 = 1356 20 · 4,999 = 9998

8. a) 7,45 · 30 [12] b) 1,04 · 70 [17] c) 0,451 · 60 [15] d) 4,304 · 500 [10]

9. a) 5,73 · 49 b) 6,05 · 24 c) 7,09 · 92 d) 5,14 · 26

10. Herr Scholz kauft 6 Becher Joghurt zu je 0,69 DM und 3 Flaschen Saft zu je 1,89 DM. Er bezahlt mit einem 10-DM-Schein. Wieviel DM bekommt er zurück?

Antwort: ________________________

Name: ______________________ Klasse: __________

Zu Seite 144 bis 146

1. Rechne mit Brüchen. Gib das Ergebnis als Dezimalbruch an.

a) $3{,}8 \cdot 2{,}1 = \frac{38}{10} \cdot \frac{21}{10} = \_\_\_\_ = \_\_\_ =$

b) $1{,}2 \cdot 1{,}4 = \_ \cdot \_ = \_\_\_\_ = \_\_\_ =$

c) $4{,}6 \cdot 0{,}5 = \_ \cdot \_ = \_\_\_\_ = \_\_\_ =$

d) $0{,}9 \cdot 2{,}1 = \_ \cdot \_ = \_\_\_\_ = \_\_\_ =$

2.

a) $68{,}4 \cdot 5 =$ ______
$68{,}4 \cdot 0{,}5 =$ ______
$68{,}4 \cdot 0{,}05 =$ ______

b) $125{,}6 \cdot 3 =$ ______
$125{,}6 \cdot 0{,}3 =$ ______
$125{,}6 \cdot 0{,}03 =$ ______

c) $83{,}4 \cdot 7 =$ ______
$83{,}4 \cdot 0{,}7 =$ ______
$83{,}4 \cdot 0{,}07 =$ ______

3. Im Ergebnis fehlt das Komma. Setze es richtig ein.

a) $14{,}6 \cdot 4{,}3 = 6278$
$2{,}1 \cdot 6{,}23 = 13083$
$0{,}16 \cdot 1{,}5 = 0240$

b) $1{,}5 \cdot 0{,}13 = 0195$
$0{,}4 \cdot 2{,}64 = 1056$
$0{,}02 \cdot 3{,}7 = 0074$

c) $2{,}4 \cdot 0{,}12 = 0288$
$0{,}25 \cdot 0{,}2 = 005$
$3{,}5 \cdot 1{,}40 = 49$

4. Rechne. Überschlage vorher mit einer geltenden Ziffer.

a) Ü:
6, 8 · 4, 2
[21]

b) Ü:
3 2, 1 · 0, 8 2
[15]

c) Ü:
9, 2 · 5, 3
[25]

d) Ü:
0, 6 2 · 4, 3 1
[19]

5.

a) Ü:
8 7, 3 · 0, 6 5
[27]

b) Ü:
5 0, 9 2 · 1, 0 4
[35]

c) Ü:
0, 4 5 2 · 7, 2 5
[19]

6. Der Garten von Familie Penzel ist 24,5 m lang und 44,7 m breit. Wie groß ist der Flächeninhalt?

Antwort: ______________________________

7. Ein Schwimmbecken ist 12,50 m lang, 6 m breit und 1,90 m tief. Wieviel Liter Wasser passen in das Becken?

Antwort: ______________________________

8. Für ein Werkstück benötigt man einen Messingblock von 4,2 cm, 3,6 cm und 5,5 cm. Wie groß ist das Volumen ? Wie schwer ist der Messingblock, wenn ein 1 cm^3 Messing 8,1 g wiegt?

Antwort: ______________________________

© 1992 Schroedel Schulbuchverlag GmbH, Hannover

Arbeitsblätter 6. Schuljahr

Name: ______________________ Klasse: __________

Zu Seite **146** und **147**

1. Rechne im Kopf.

a) 8,4 : 2 = ________ b) 4,5 : 3 = ________ c) 24,82 : 2 = ________

36,8 : 4 = ________ 0,6 : 2 = ________ 2,7 : 3 = ________

1,4 : 7 = ________ 9,09 : 9 = ________ 18,5 : 5 = ________

2. Im Ergebnis fehlt das Komma. Setze es richtig ein.

a) 12,18 : 6 = 2 0 3 b) 0,345 : 5 = 0 0 6 9 c) 49,56 : 7 = 7 0 8

3. Mache zuerst einen Überschlag, dann rechne.

Ü: 21 : 7 =
24,15 : 7 =
[12]
Pr.:

Ü:
54,72 : 9 =
[14]
Pr.:

Ü:
254,08 : 8 =
[17]
Pr.:

4. Frau Bollmann kauft für den Garten 7 Rosenpflanzen und bezahlt dafür 55,65 DM.

Antwort: ______________________

5. a) Ü:
825,72 : 21 =
[17]

b) Ü:
68,76 : 12 =
[15]

c) 97,85 : 19 =
[11]

d) 53,55 : 17 =
[9]

6. a) Die Klassenfahrt der 6a kostet insgesamt 7819,20 DM. Wieviel DM muß jeder der 24 Schülerinnen und Schüler bezahlen?

Antwort: ______________________

____

b) Vor der Fahrt hat jeder 130 DM eingezahlt. Wieviel DM sind zu wenig eingezahlt worden? Wieviel DM muß jeder noch zahlen?

Antwort: ______________________

____

Name: ______________________ Klasse: __________

Zu Seite **148** und **149**

1. Erweitere die Aufgabe so, daß du dividieren kannst.

a) 1,17 : 0,3 = ________
11,7 : ________

b) 6,84 : 0,8 = ________

c) 2,76 : 0,12 = ________

d) 4,2 : 0,03 = ________

e) 6,4 : 1,6 = ________

f) 9,1 : 0,13 = ________

2. Herr Knoll kauft Brötchen und muß 9,10 DM bezahlen. Ein Brötchen kostet 0,65 DM.

Frage: ________________________

Antwort: ________________________

3. Überschlage. Erweitere die Aufgaben, dann rechne aus.

a) Ü:
1, 5 5 1 8 6 : 0, 6 2 =
10

b) Ü:
4 1, 0 6 4 : 0, 8 =
12

4. Berechne die Höhe der Quader. Die Grundfläche und das Volumen ist gegeben.

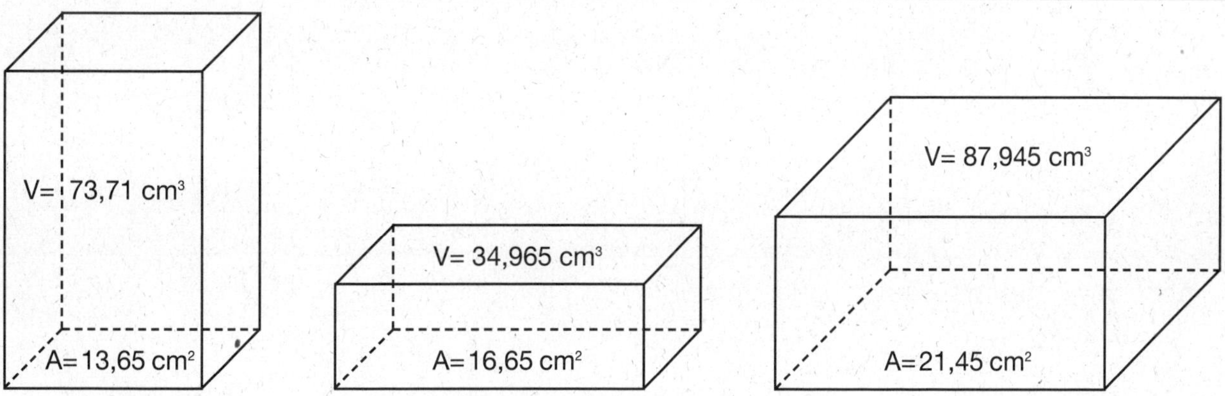

5. Ein Quader hat ein Volumen von 69,93 cm^3. Die Höhe beträgt 4,5 cm, die Breite 4,2 cm. Bestimme die Länge.

Antwort: ________________________

© 1992 Schroedel Schulbuchverlag GmbH, Hannover

Name: ____________________ Klasse: ________

Zu Seite **150** und **151**

1. Schreibe den zugehörigen Dezimalbruch auf.

$\frac{1}{2}$ = ____ $\frac{1}{4}$ = ____ $\frac{1}{5}$ = ____ $\frac{1}{8}$ = ____ $\frac{1}{10}$ = ____ $\frac{3}{4}$ = ____

2. Schreibe als Divisionsaufgabe, dann rechne aus.

a) $\frac{17}{2}$ = 17 : 2 = 8,5 b) $\frac{12}{8}$ = ____ = ____ c) $\frac{15}{4}$ = ____ = ____

$\frac{6}{4}$ = ____ = ____ $\frac{62}{4}$ = ____ = ____ $\frac{50}{15}$ = ____ = ____

3. Schreibe erst als Bruch, dann bestimme den Dezimalbruch.

$1\frac{2}{5}$ = $\frac{7}{5}$ = 7 : 5 = ____ $5\frac{1}{4}$ = ____ = ____ = ____ $4\frac{3}{8}$ = ____ = ____ = ____

4. Immer drei Bruchzahlen gehören zusammen. Sortiere.

1,25 $\frac{4}{8}$ 0,25 0,10 $\frac{3}{4}$ 0,1 $\frac{1}{4}$ 0,5 $\frac{1}{10}$ 0,75 $\frac{25}{100}$ $1\frac{1}{4}$ $\frac{4}{5}$ $\frac{1}{2}$ $\frac{75}{100}$

____
____
____
____
____

5. Brich die Rechnung nach vier Stellen nach dem Komma ab, dann runde auf die dritte Stelle.

a) $\frac{2}{3}$ = 2 : 3 = ____ ≈ ____ b) $\frac{11}{6}$ = ____ = ____ ≈ ____

$\frac{4}{9}$ = ____ = ____ ≈ ____ $\frac{13}{7}$ = ____ = ____ ≈ ____

6. Runde auf die dritte Stelle nach dem Komma.

a) $\frac{1}{6}$ = 1 : 6 = ____ ≈ ____ b) $\frac{1}{9}$ = ____ = ____ ≈ ____

$\frac{1}{7}$ = ____ = ____ ≈ ____ $\frac{3}{11}$ = ____ = ____ ≈ ____

7. Schreibe dezimal. Runde dabei sinnvoll.

a) $\frac{9}{8}$ DM = ____ = ____ ≈ ____ b) $1\frac{2}{3}$ DM = ____ = ____ ≈ ____

$\frac{8}{7}$ DM = ____ = ____ ≈ ____ $2\frac{4}{9}$ DM = ____ = ____ ≈ ____

8. Rechne, dann setze ein: < , > oder = .

$\frac{2}{7}$ ☐ 0,27 $\frac{5}{8}$ ☐ 0,58 $\frac{5}{9}$ ☐ 0,59 $\frac{47}{11}$ ☐ 4,711

____ ____ ____ ____

9. Ordne der Größe nach.

a) $\frac{3}{10}$ 0,33 $\frac{1}{3}$ 0,03 b) $\frac{2}{3}$ 0,67 0,76 $\frac{3}{4}$

____________________ ____________________

Name: ______________________ Klasse: __________

Zu Seite 156 bis 169

1. Der Flugschreiber zeichnet die Flughöhe auf.

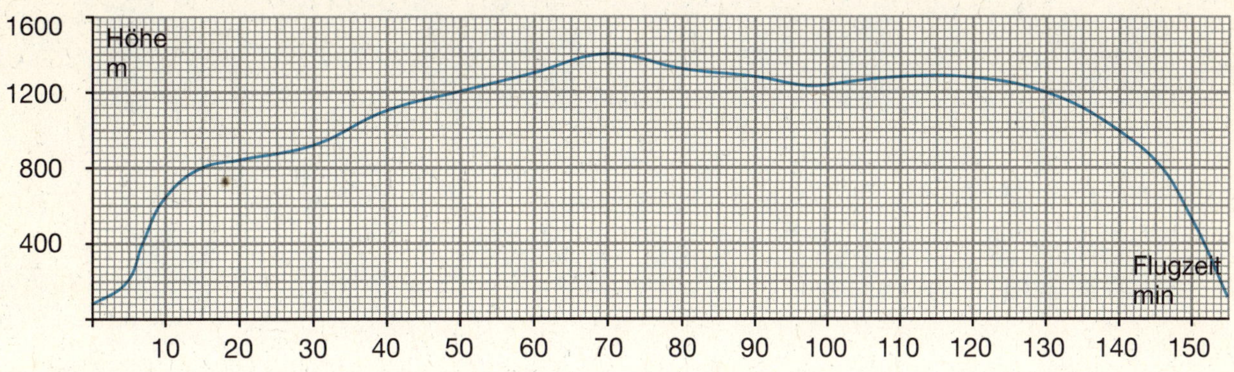

a) Welche Höhe zeigt der Flugschreiber an?

nach 5 min	nach 10 min	nach 90 min	nach 120 min	nach 150 min
______ m	______ m	______ m	______ m	______ m

b) Welche Informationen kannst du aus dem Kurvenbild entnehmen, welche nicht?

Welches ist die größte Flughöhe? ______________________

Wann war die größte Flughöhe erreicht? ______________________

Wie lange dauerte der Flug? ______________________

Wann war das Flugzeug genau 800 m hoch? ______________________

Wie lang war die Flugstrecke? ______________________

Wie hoch liegt der Flugplatz? ______________________

2. Übertrage die Fahrt des Zuges E 6211 (IR 200) in den gedruckten Fahrplan.

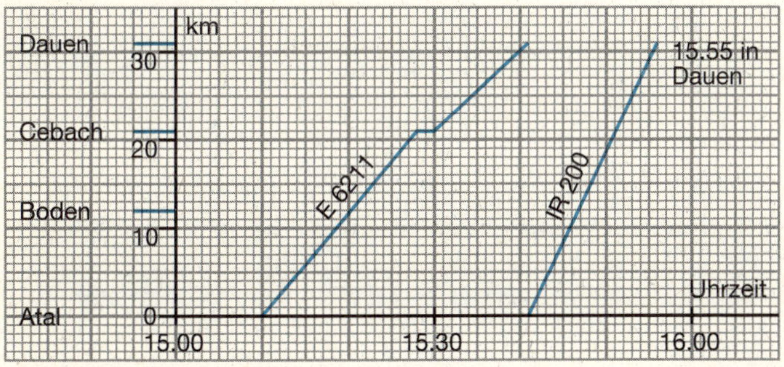

km	Zug-Nr.		3175	E 6211	E 6322	IR 200
0	Atal	ab	15.01		15.33	
	Boden	↓	15.10		15.42	
	Cebach	an	15.16		15.48	
		ab	15.31		15.51	
	Dauen	an ↓	15.41		15.57	

3. Übertrage die Zeiten für den Nahverkehrszug 3175 (E 6322) in den graphischen Fahrplan.

4. Bestimme die Fahrzeiten der Züge 3175 und E 6322 auf den Teilstrecken.

3175:

12 km	9 km	10 km

E 6322:

12 km	9 km	10 km

5. Bestimme die Geschwindigkeit des E 6322 auf den Teilstrecken.

12 km	→			9 km	→			10 km	→	
9 min		60 min				60 min				60 min

© 1992 Schroedel Schulbuchverlag GmbH, Hannover

Arbeitsblätter 6. Schuljahr

Name: ______________________ Klasse: __________

Zu Seite **156** bis **169**

1. Tante Renate bezahlt im Supermarkt für 2 kg Brühwurst 7,80 DM. Fülle die Tabelle aus.

Gewicht	50 g	100 g	250 g	500 g	600 g	1000 g	1500 g
Preis							

2. Stelle eine Preistabelle auf.

Stückzahl	1	2	3	4	5	6	7	8	9	10	11	12
Gesamtpreis	1,60											19,20

3. Ein Weinhändler bezieht 5 Kisten Wein zu je 144 Flaschen. Zum Weiterverkauf verpackt er die Flaschen in Geschenkkartons. Wie viele Kartons benötigt er?

2 Flaschen pro Karton ____________ 3 Flaschen pro Karton ____________ 12 Flaschen pro Karton ____________

4. Pfingstausflug des Fußballvereins. Wenn 30 Jungen an der Fahrt teilnehmen, kostet der Bus 24 DM pro Kind. Berechne die Fahrpreise für andere Teilnehmerzahlen.

Anzahl der Kinder	10	12	15	20	30	40	48	60
Preis pro Kind in DM								

5. a) Irene bezahlt für 2 kg Kartoffeln 2,40 DM. Zeichne die Gerade für Menge und Preis in das Schaubild links.

b) Fünf Liter Motoröl kosten 36,00 DM. Trage die Gerade in das rechte Schaubild ein.

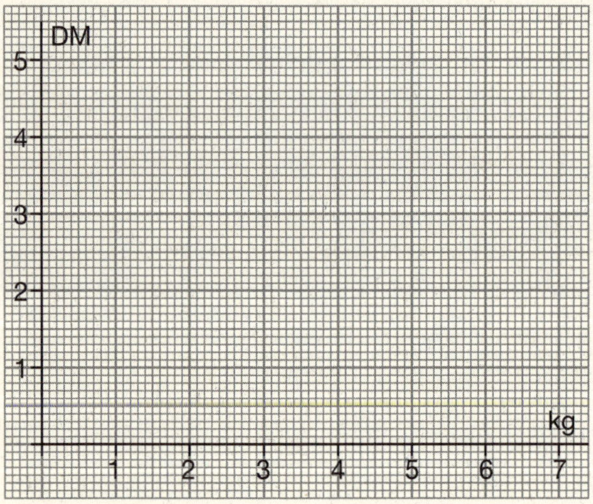

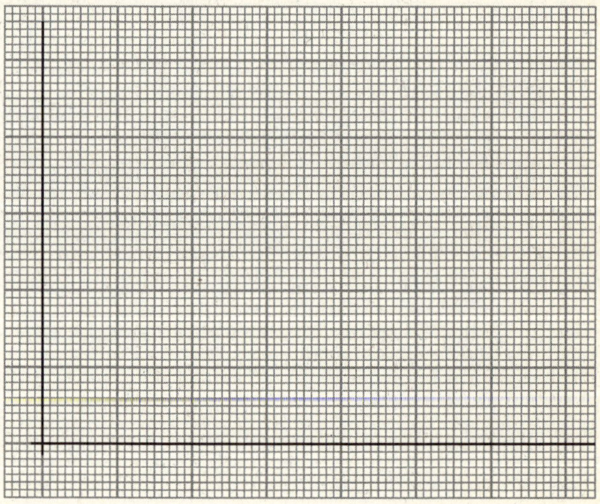

6. a) Lies die Werte aus dem linken Schaubild ab.

Gewicht in kg	1 kg	$\frac{1}{2}$ kg	$1\frac{1}{2}$ kg	$2\frac{1}{2}$ kg			
Preis in DM					3,60 DM	4,20 DM	4,80 DM

b) Lies aus dem rechten Schaubild ab.

Menge in l	1 l	2 l	3 l	$\frac{1}{2}$ l			
Preis in DM					28,80 DM	39,60 DM	50,40 DM

Name: ______________________ Klasse: __________

Zu Seite **156** bis **169**

1. Ein Verkehrsflugzeug legt 500 km in $1\frac{1}{2}$ Stunden zurück. Ein Düsenflugzeug benötigt für die gleiche Strecke nur 40 Minuten. Berechne die Flugzeiten.

Flugstrecke	300 km	600 km	1000km	500 km	900 km
Verkehrsflugzeug					
Düsenflugzeug					

2. Eine Raumstation umkreist die Erde in 24 Stunden genau 12 mal. Fülle aus.

Stunden	6	12	20	48				
Umkreisungen					8	12	18	60

3. Für 800 Schulhefte benötigt man 68,8 kg Papier.
a) Wieviel Kilogramm Papier werden für 1200 Hefte gebraucht?

Antwort: ______________________

b) Wieviel Kilogramm Papier benötigt man weniger, wenn nur 500 Hefte hergestellt werden.

Antwort: ______________________

4. Herr Bauer hat für 15 m^2 Fliesen 375 DM bezahlt. Fülle erst die Tabelle mit den Preisen aus,die du in einem Schritt berechnen kannst.

5 m^2 9 m^2 12 m^2 3 m^2 18 m^2 30 m^2 7,5 m^2 20 m^2

In einem Schritt

Fläche	5 m^2			
Preis				

In zwei Schritten

Fläche				
Preis				

5. Boden und Wände des Schwimmbades sollen gekachelt werden. Auf 1 m^2 kommen 25 Kacheln. Wie viele Kacheln werden insgesamt für das Bad benötigt? (Maße in Meter)

Gekachelte Flächen: ______________________

Anzahl der Kacheln: ______________________

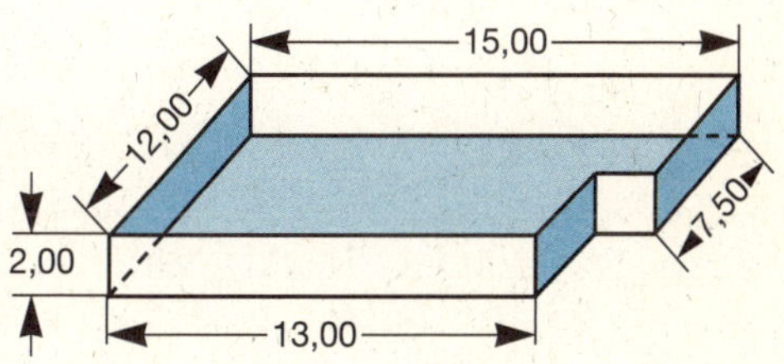

6. a) Im Frühjahr wird Wasser in das Schwimmbecken eingefüllt. Wieviel Wasser benötigt man?

Antwort: ______________________

b) Durch den Zufluß fließen pro Minute 20 Liter Wasser. In welcher Zeit ist das Becken gefüllt?

Antwort: ______________________

7. Welche Dinge kauft Alexandra günstiger ein als Rolf. Kreuze an.

	Margarine	Eier	Milch	Kartoffeln
Alexandra	500 g — 2,10 DM	6 Stück — 1,44 DM	0,5 l — 0,75 DM	2,5 kg — 3,00 DM
Rolf	250 g — 1,10 DM	10 Stück — 2,30 DM	0,25 l — 0,45 DM	4 kg — 4,60 DM

© 1992 Schroedel Schulbuchverlag GmbH, Hannover

Name: ______________________ Klasse: ____________

Zu Seite 156 bis 169

1. Bestimme Länge und Breite der einzelnen Räume. Trage die Größe der Räume in die Tabelle ein.

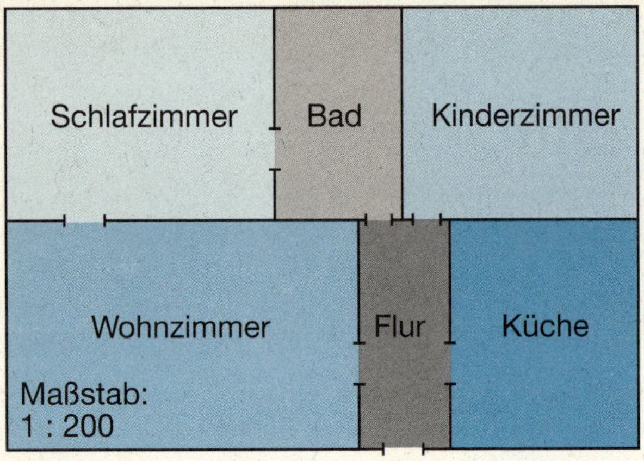

	Länge	Breite	Flächeninhalt
Wohnzimmer			
Schlafzimmer			
Kinderzimmer			
Küche			
Bad			
Flur			
Wohnfläche: ______ m^2			

2. Im Wohnzimmer wird Teppichboden verlegt. Der Preis pro Quadratmeter beträgt 38,50 DM. Hinzu kommen Verlegekosten von 4,50 DM pro m^2.

A: ______________________

3. Küche (27 m^2) und Flur (13 m^2) werden gefliest. Die Fliesen für die Küche kosten 24,90 DM je Quadratmeter, die für den Flur 39,90 DM. Der Fliesenleger verlangt in der Rechnung für die Fliesen und den Arbeitslohn zusammen 1 695,00 DM. Sein Stundenlohn beträgt 42,00 DM.

A: ______________________

4. Für 1 DM erhält man 7,02 Österreichische Schillinge. Fülle die Tabelle aus.

DM	1,00	2,00	5,00	2,50	0,10	0,40	15,00	85,00	450,00
Schilling /öS	7,02								

5. Frau Dreier wechselt an der Grenze 300 DM in Schillinge. Für Benzin bezahlt sie 385 Schillinge, im Restaurant 320 Schillinge und für ein Geschenk 950 Schillinge. Wieviel Schillinge hat sie noch?

A: ______________________

Zum Knacken und Knobeln

6. Ist es wohl günstiger, sein Geld erst im Urlaubsland zu tauschen? Bei uns erhält man für 1 DM 7,02 Schillinge, in Österreich bekommt man 10 Schillinge für 1,45 DM. Wie groß ist der Unterschied bei 700 DM?

A: ______________________

7. Familie Dreier fährt durch Österreich nach Italien. An der Grenze wechselt Frau Dreier 200 DM in Schillinge. In Österreich tankt Herr Dreier 35 l Benzin (11,3 Schillinge pro Liter) und zahlt 140 Schillinge Straßengebühr. Wieviel Lire erhält Herr Dreier an der österreichisch-italienschen Grenze für die Schillinge? (Für 1 Schilling bekommt man 52 Lire.)

A: ______________________